仏教のミカタ 2

――仏教から現代を考える31のテーマ

東本願寺出版

——本書について

本書は、月刊誌『同朋《どうぼう》』（東本願寺出版発行）に連載の「仏教の視点から」を基に書籍化したもので、社会問題や人生の悩み、日々の暮らしの中にある様々な出来事から31のキーワードを抽出し、〝仏教のミカタ（見方）から考えてみると？〟を提起しています。各文章の末尾には、キーワードを問うにあたって、ブッダや親鸞聖人《しんらんしょうにん》が遺された言葉などを「法語」として紹介しています。

今から２５００年前のインドからはじまった仏教。場所や時間を超え、ブッダの教えは現代を生きる私たちに何を問いかけているのでしょうか——。本書をとおしてその問いかけにふれていただければ幸いです。

仏教のミカタ 2

目次

〈凡例〉
＊本文中の『真宗聖典』とは、東本願寺出版発行の『真宗聖典』を指します。

1

「言葉」の本質

「荒ぶる神」である言葉の魔物性を断つのは仏教が説く「まことのこころ」。

武田定光（真宗大谷派僧侶）

人間にとって「言葉」とは

仏教と「言葉」がどこで出会ったかと言えば、それは「梵天勧請《ぼんてんかんじょう》」というエピソードだと思います。菩提樹《ぼだいじゅ》の下で覚《さと》りを開いたお釈迦さまは、当初、覚りの内容を言葉にすることを躊躇《ためら》います。そこに梵天（ブラフマン神）が「世尊《せそん》よ、法を説きたまえ。この世には眼を塵《ちり》に覆わるること少なき人々もある」（『阿含経典《あごんきょうてん》（2）』ちくま学芸文庫）と請願し、ようやくお釈迦さまは「甘露《かんろ》の門はひらかれたり　耳あるものは聞け」と説法を始めました。

これは「梵天」がお釈迦さまに説法を請うたので「梵天勧請」と言われます。私はこれを単なる神話ではなく、私たちに「言葉」の本質を教えるエピソードだと考えます。結論を言えば、お釈迦さまに説法を促したものこそ「言葉」が本質的に持っている表現喚起力だと思えます。たとえそれが言葉で表すことのできない神秘的な体験だと本人が感じても、「言葉」はそれを神秘的な体験のままにしてはおかないのです。「体験」は必ず言葉に定着しなければ「体験」自身が満足しないのです。

そもそも人間にとって「言葉」は、考えた結果を述べるための道具ではなく、考えを生みだす原因です。「言葉」を道具やレッテルだと考える人は、「言葉」のもっている魔物性が見えていません。

言語学者・丸山圭三郎《けいざぶろう》は「言葉」を「荒ぶる神」と呼びました。丸山は「私達はともすれば、言語以前に何かを分節肢として明確に認識して、それからその認識した対象に名前をつける、というふうに思いがちである。しかし言語以前にはそれと認識される事物もなければ普遍的な純粋観念もない」（『生命と過剰』河出書房新社）と言います。言葉を「事物」に張り付けられたレッテルだと思うのは、言葉の持っている二次的なはたらきであり、その本質は、「事物」そのものを生みだす「存在喚起機能」だと言うのです。

私達は自分の幼少期に初めて自国の言語を習得します。その言語で環境を認識し「自分なりの環境世界」を作ります。言語を習得する以前には、「環境世界」そのものを認識することができません。言語によって「環境世界」が作られていくのです。大人になると、そのことが自明化され、「環境世界」が自分の見たとおりに存在しているように感じてしまいます。しかしそれはすでに言語で分節された世界認識に他なりません。自分の見えた世界が、「ありのままの世界」だと思い込ませるのも「荒ぶる神」である言葉の仕業《しわざ》なのです。

言葉の魔物性を断つために

丸山は、さらに「コトバが生みだすものは一切の意識である」と言い、「生と死の意識」すらもコトバの産物だと述べます。親鸞も、そのことを知っていて、「よしあしの文字《もんじ》をもしらぬひとはみな まことのこころなりけるを 善悪《ぜんまく》の字しりがおはおおそらごとのかたちなり」（『正像末和讃《しょうぞうまつわさん》』、『真宗聖典』５１１頁）と述べています。「善悪の字」というのは相対的価値観を示す総称です。「生と死・善と悪・損と得」などはすべて「コトバが生みだすもの」であり、それは「おおそらごと」だと批判します。

親鸞は「死と生」の両方を否定しますが、それは作家・髙村薫《かおる》のこういう発言に通底します。「あるとき死に取りつかれてしまった方々に対して、「死んではいけない」と引き止める論理を仏教は持たない。だけどそこが仏教のおもしろいところで、「死んでもいいけど、だったら生きてもいいじゃないか」と言うんです。死に取りつかれたひとを「生」のほうに振り向かせることができるのは、そうした仏教の考え方しかないとわたくしは思います」(『中央公論』2012年5月号「宗教は日本を救うか」)と。

1995年の阪神・淡路大震災を経験した彼女は、2011年の東日本大震災の後に、「死に取りつかれてしまった方々」を前にして仏教がどういう態度を取りうるかを考えました。そこで生と死のギリギリの淵《ふち》におられる方々に対して、自分が「生」に軸足を置き、「死に取りつかれてしまった方々」に向かって、「死んではいけない」と「死」を引き止めることは仏教の真実ではないと語ります。むしろ、「生」と「死」の重みが均等に釣り合ったときに発せられる、「死んでもいいけど、だったら生きてもいいじゃないか」という態度しかないと。こう彼女に語らせたものこそ、生も死も共に「コトバが生みだすもの」であり、「まこと」ではないという直感でしょう。

　私達はどうしても「生」は価値があり「死」は無価値だと考えてしまいます。しかし、その価値観を丸ごとひっくり返そうとするものこそ、仏教の「まこと」なのだと思います。言葉は「荒ぶる神」ですが、それが「荒ぶる神」だと見えれば、言葉の魔物性から身を遠ざけることができるのです。

たけだ　さだみつ

1954年東京都生まれ。大谷大学大学院博士課程修了。元親鸞仏教センター嘱託研究員。真宗大谷派東京教区因速寺住職。『新しい親鸞』、『逆説の親鸞』（共に雲母書房）、『『歎異抄』にきく　死・愛・信』（ぷねうま舎）、『なぜ？からはじまる歎異抄』（東本願寺出版）など著書多数。

法語

よしあしの文字《もんじ》をもしらぬひとはみな
まことのこころなりけるを
善悪《ぜんまく》の字しりがおは
おおそらごとのかたちなり

出典／親鸞『正像末和讃』（『真宗聖典』511頁）

2

「自然」に生きる

人間の苦悩を引き受けて生きる厳しい歩みが自ずと開かれる。

蓑輪秀邦（元真宗大谷派教学研究所長）

仏教の「自然《じねん》」はどういう意味？

「自然《しぜん》」という言葉は、明治時代の哲学者・西周《にしあまね》が、英語のnatureの訳語にあてた言葉です。それ以前に、日本仏教では、「自然」という言葉は「じねん」と読まれていました。この「自然《じねん》」は、natureの訳語である「自然」とどう違うのでしょうか。

親鸞聖人の有名な〈自然法爾章《じねんほうにしょう》〉には、次のように書かれています。「自然《じねん》というは、自《じ》は、おのずからという。行者《ぎょうじゃ》のはからいにあらず、しからしむということばなり。然《ねん》というは、しからしむということば、行者のはからいにあらず、如来《にょらい》のちかいにてあるがゆえに」。

難しい文章ですね。どういう意味か明らかにするために、やはり親鸞聖人が書かれた『一念多念文意《いちねんたねんもんい》』を見てみましょう。そこには、『仏説無量寿経《ぶっせつむりょうじゅきょう》』の言葉を引いて、「どうすれば人が仏になれるか」について書かれたくだりがあり、「如来の本願《ほんがん》を信じて一念するに、かならず、もとめざるに無上《むじょう》の功徳《くどく》をえしめ、しらざるに広大《こうだい》の利益《りやく》をうるなり。自然《じねん》に、さまざまのさとりを、すなわちひらく法則《ほうそく》なり」と書かれています。

私たちのような煩悩《ぼんのう》に縛《しば》られた人間が、どうすれば仏さまのようになれるのでしょうか。いわゆる聖道門《しょうどうもん》の仏教なら、厳しい修行をして功徳を積めば仏になれると言うでしょう。また、浄土門の仏教なら、念仏すれば浄土に往生《おうじょう》し、仏になれると言いますね。しかし、「～すれば～することができる」というときには、必ずそこに人間の作為《はからい》が入り込みます。つまり、念仏ですら「私が念仏を称えれば…」と、どこまでも「私が、私が」という自我意識がつきまといます。しかし、そういう作為がある限り人は救われないというのが親鸞聖人のお考えです。

ですから聖人はここで、「法則」という言葉を使われます。そして「法則というは、はじめて行者《ぎょうじゃ》のはからいにあらず。もとより不可思議《ふかしぎ》の利益《りやく》にあずかること、自然《じねん》のありさまともうすことをしらしむるを、法則とはいうなり」と続けられます。つまり、人が念仏して仏になるのは、「行者のはからい」（自力）ではなく、「如来の本願」の人智を超えた不可思議なはたらき（他力）によるのだと。そしてそれは「自然のありさま」であり、「法則」だと言われるのです。

3・11以後の生き方を考えるために

このように、親鸞聖人が言われる「自然《じねん》」とは、人の生き方や信心にかかわるものですから、その点では西洋由来の「自然《しぜん》」とは異なります。しかし、それと全く無縁というわけではありません。

西洋の「自然(nature)」とは、もとは人間がどうすることもできない絶対的な存在であり、理性によって認識する他ない客観的な対象でした。たとえば、明日は遠足だから晴れてほしいとどんなに願っても、雨が降るような気象条件ならどうしたって雨が降りますね。親鸞聖人の「自然《じねん》」という言葉も、そういう自然のあり方から教えられるようなものとして受け取ることができます。

しかし、たとえば雲が出てきて雨が降るといった自然現象をよく観察し、理性の力で分析すれば、なぜ雨が降るのかという理由もわかってきますし、雨が降りそうだから傘を持っていこうといった予測を立てることもできます。西洋の考え方は、そうした分析や予測を積み重ねていくうちに、やがて、人間の理性によって自然を征服し、都合のいいように自然を変えていこうという人間中心主義、科学万能主義に陥っていきます。

3・11以降、大きな問題になっている原発などは、まさにそうした人間の驕《おご》りの最たるものでしょう。その背後にあるのは、「自分さえよければ」という人間のエゴ（利己心）だと思います。

あの大震災と原発事故で、私たちは改めて人間の力を超えた自然の脅威を意識し、人知《じんち》の限界を知らされました。そしてこの経験を真摯《しんし》に受け止めるなら、これからは、たとえば鮭《さけ》という自然の恵みをいただくために川に橋を架けなかったアイヌ民族の人々のように、自然を征服するのではなく環境と調和した生き方を目指すべきだと考えるのは当然でしょう。そうしたときに、どこまでも人間の驕りを悲しみの目で見つめ続けた親鸞聖人の教えは、大切なヒントとなるに違いありません。

ただ最後に強調したいのは、親鸞聖人が言われる「自然《じねん》」とは、何かにお任せすればエスカレーター式にすべてうまくいく、といった他者依存的な考え方ではないということです。仏の本願によって、煩悩から逃れられない自分を知らされると、そこに「懺悔《さんげ》」が生まれ、そこから、どうしようもない自分に居直るのではなく、人間の苦悩を引き受けて歩んでいくという厳しい歩みが自ずと開かれてきます。西田幾多郎《きたろう》門下の宗教哲学者・西谷啓治《にしたにけいじ》先生は、「文化と自然」という随筆でこんなことを書いておられます。「身を捧げるには、自らの好き自由に生きる生き方を否定することが必要であり、その否定は一つの行である。生における厳しさの態度である」。そうした「厳しさ」を親鸞聖人の教えから学ぶことも大切ではないかと思うのです。(談)

みのわ しゅうほう

1939年福井県生まれ。京都大学文学部哲学科卒業。真宗大谷派教学研究所長、仁愛大学教授などを歴任。仁愛大学名誉教授。真宗大谷派福井教区仰明寺前住職。2019年5月24日逝去。著書に『解読浄土論註』『自分探しの旅へ』『真宗門徒になる』（以上、東本願寺出版）、『キェルケゴールと親鸞──宗教的真理の伝達者たち』（ミネルヴァ書房）などがある。

法語

如来《にょらい》の本願《ほんがん》を信《しん》じて一念するに、かならず、もとめざるに無上《むじょう》の功徳《くどく》をえしめ、しらざるに広大《こうだい》の利益《りやく》をうるなり。自然《じねん》に、さまざまのさとりを、すなわちひらく法則《ほうそく》なり。法則というは、はじめて行者《ぎょうじゃ》のはからいにあらず。もとより不可思議《ふかしぎ》の利益《りやく》にあずかること、自然《じねん》のありさまともうすことをしらしむるを、法則とはいうなり。

出典／親鸞『一念多念文意』（『真宗聖典』539頁）

3

「科学」とのつきあい方

親鸞聖人は科学的思考によって教えを探究した科学者兼宗教者といえるのではないだろうか。

安藤義浩（真宗大谷派教学研究所嘱託研究員）

ひとことで「科学」といっても、その意味するところは幅広い。科学的思考（論理的に考えること）、科学技術（ＡＩ、次世代通信、遺伝子操作など実際の技術）、科学知識（これまで蓄積されてきた科学の英知）、科学者などなど…。だから「科学とのつきあい方」は、「科学的思考とのつきあい方」であり、「科学技術とのつきあい方」であり、「科学知識とのつきあい方」であり、「科学者とのつきあい方」でもある。本稿では、一人の科学者のこれまでの言動から「科学とのつきあい方」を学び、そこに仏教（親鸞聖人の教え）の視点を重ね合わせてみたい。

「まだ一人の患者さんも救っていない」――iPS細胞の誕生とノーベル賞

京都大学教授の山中伸弥《しんや》氏が、iPS細胞（人工多能性幹細胞）の研究でノーベル賞を受賞してから10年以上になる。iPS細胞は、髪の毛や血液などの細胞を使って作製される。遺伝子を細胞に導入して行う「初期化」という作業によって、髪の毛や血液だった細胞が、それらになる前の細胞（すなわちiPS細胞）となる。この細胞は、神経細胞、角膜、生殖細胞など、新たな機能を持った細胞へと変化させることが可能で、それを使った創薬や臨床応用がさかんに行われている。

この細胞は、当時山中氏が研究室を持っていた奈良先端科学技術大学院大学で生まれた。先行文献から得た科学知識から、初期化にかかわる遺伝子の候補を24個まで絞りこみ、幾たびにもわたる再現性の確認の末、そこから実際にかかわる4つの遺伝子を明らかにした。その際、研究室に所属する一人の大学院生が、山中氏の共同研究者として、4つの遺伝子の発見に大きく貢献した。過去の知見を大切にし、ともに歩む仲間がいて、実際に主体となって歩む。その姿勢は科学者も仏教者も共通しているのではないだろうか。

科学と宗教は二項対立で語られるものではない。ただ科学の真理は実験で客観的に証明できるが、宗教的真理は違う。お念仏の教えでいえば、念仏者が誕生し、実際に救われてきた人がいるという歴史が証明するのである。

また、ノーベル賞を受賞したころ、山中氏は受賞の喜びとともに、「まだ一人の患者さんも救っていない」と述べた。iPS細胞を樹立し、たしかに難病で苦しむ患者さんを救える可能性が広がったけれども、実際に救えてはいない、という発言である。救いたいという願いは、救われた人がいて初めて成就する。「早く研究の現場に戻りたい」というう受賞インタビューでの言葉に感動したものだ。親鸞聖人が主著『教行信証《きょうぎょうしんしょう》』の序文に、「聞思《もんし》して遅慮《ちりょ》することなかれ」、つまり「(真実の仏法に出あったならば)いたずらに思いまどうことのないように」と書きつけられたことが思い合わされる。

ここに「すべての人を救うまでは仏《ぶつ》に成るまい」という法蔵菩薩《ほうぞうぼさつ》の願心《がんしん》をみるのは言い過ぎであろうか。私たちは法蔵菩薩にはなれない。しかし、その願いに生きていくことが願われている。

「長いマラソンです」——ウイルスに打ち克つために

新型コロナウイルス感染症拡大の勢いは続いている。ウイルスへの恐怖は、人間の活力、体力、知力を奪っていく感がある。国と国とを分断し、世界が機能不全の状態になっている。

そんな中、山中氏は2020年3月、「感染症の専門家ではないが、正しい情報を分かりやすく一般に発信したい」という願いで、ホームページ「山中伸弥による新型コロナウイルス情報発信」を開設する。その開設当初のトップページにはこう綴られていた。

> 新型コロナウイルスとの闘いは短距離走ではありません。1年は続く可能性のある長いマラソンです。…（中略）国民の賢い判断と行動が求められています。人が一致団結して行動すれば、ウイルスは勢いを弱めます。この情報発信が、皆様の判断や行動基準として少しでも役立つことを願っています。

このホームページで一貫しているのは、「科学的事実」や「証拠（エビデンス）」に基づいていることである。たとえば、錯綜《さくそう》するウイルスに関する情報を「証拠（エビデンス）の強さ」で分類し、正しい可能性が高い情報を「皆様の判断や行動基準」として役立てるよう呼び掛けている。また世界の対応も科学の見地から紹介されている。

ただやみくもに恐れるのではなく「正しい情報」を持って向き合っていく。そのような山中氏の姿勢は、親鸞聖人の姿勢にもみることができる。『教行信証』で、自らの信仰の普遍性（ひとりよがりでないこと）を、多くの経・論・釈を「証拠（エビデンス）」として引文し確かめている。そういう意味で、親鸞聖人は科学的思考によってお念仏の教えを徹底的に探究し、その究極において宗教的超越を証した科学者兼宗教者といえるのではないだろうか。

あんどう　よしひろ
1971年愛知県生まれ。東京大学大学院工学系研究科後期博士課程修了。大谷大学大学院文学研究科真宗学専攻後期博士課程修了。博士（工学・文学）。真宗大谷派教学研究所嘱託研究員。同派名古屋別院教化伝道部部長。同派名古屋教区圓明寺住職。

法語

聞思《もんし》して遅慮《ちりょ》することなかれ。

出典／『教行信証』総序（『真宗聖典』150頁）

4

人間の「暴力性」

希望が見いだされてはじめて、苦悩に踏みとどまることができる。

箕浦暁雄（大谷大学教授）

一人の死を置き去りにしない

2019年、モンゴルでひとりの女性が85年の生涯を閉じた。彼女の名はナンサルマー。限りなく広がるモンゴルの大草原に立つとき、人間の生涯は、わずか一瞬の出来事であるかのように錯覚する。ナンサルマーさんは子どもの時にある僧侶の養女となり、その周囲の人たちに育てられた。育ててくれた大人たちはやがて亡くなっていったが、その僧侶の書き残した多くの書物が彼女に託されていた。しかし、その僧侶や書物のことは忘れられ、歴史から消えていった。

2018年8月、首都ウランバートル・ガンダン寺の僧侶であり研究者であるアムガラン氏の案内で、私はオンギ僧院を目指していた。朝、ウランバートルを出発した私たちは何時間も車に揺られ、草原を行くと、山あいからオンギのキャンプ地がとつぜん目の前に現れ出た。かろうじて日没前に辿り着くことができた。ここは、まるで誰にも見つけられまいと図られているかのように、ひっそりとあった。かつてのオンギ僧院には実に多くのラマ僧がいたことがわかっている。しかし、20世紀初頭、スターリン時代のソ連や中国との関係下、ここモンゴルでも粛清《しゅくせい》によって多くの命が失われた。1937年にこの僧院は破壊され、多くのラマ僧が殺害されている。私たちが訪れたとき、オンギ河のそばにあるこの僧院は実に静かであった。後に復興が目指されてきたとはいえ、いまだ建造物の多くが破壊されたままで、瓦礫が虚《むな》しく散乱していた。

　アムガラン氏は、ナンサルマーさんが保管してきた書物が、かつてオンギ僧院にいてナンサルマーさんを養女に迎えた僧侶の手によるものであり、それがモンゴル仏教史解明のための貴重な文献群であることを見いだした。その僧侶は72歳となった1937年に粛清によって銃殺されていたこともアムガラン氏によって突きとめられた。粛清された僧侶の養女であり、その僧侶の書物を託され保管してきたことが知られるのを恐れ、ナンサルマーさんは、託された書物のことをほとんど誰にも口外することなく守ってきた。

　その僧侶はロブサンミンジュールドルジという名であった。名前によって、ある〈無名の死〉が〈一人の死〉となった。シベリア抑留の生還者であり詩人の石原吉郎は、「一人の死を置き去りにしないこと」を徹底して主張する。石原吉郎は＊「大量殺戮《ジェノサイド》のもっとも大きな罪は、そのなかの一人の重みを抹殺したことになる」と言う。「大量殺戮への途が発見されたとき、ただ一人の人間へ到る途も発見されたはずだ」という言葉を残している。悲しい逆説である。

＊ここで石原は、ジェノサイド条約に基づく「ジェノサイド」の定義を前提として厳密に用いているわけではない。

人間の暴力性……それでもなお

戦争の世紀と称された20世紀が終わり、21世紀に入ってもいまだ紛争は止まない。各地の戦争、そして、ウクライナでの戦争。

社会哲学者・今村仁司が論じたように、暴力が人間の存在そのものに絡みついて引き剥がすことができないものであるなら、人間の存在について十全に語ろうとする仏教の思索もまた、暴力性について徹底的に思索すること抜きには成り立たない。

では、暴力性の問題を超えて生きる、その道筋を示すことはできるだろうか。この困難を引き受けることが、仏教の思索には課されている。

私たちはオンギ僧院の瓦礫のなかをあちこち歩き、僧院を見渡せる山に登った。夕暮れ近くであった。ナンサルマーさんにとって、大草原の夕陽が暴力によって破壊された瓦礫のなかに差し込む一筋の希望の光に見えただろうか。

ナチスから逃れ長く亡命生活を送ったドイツの詩人、ヒルデ・ドミーンは「励ましの歌」のなかで、「ごらんなさい／太陽がまた／戻ってくる／金色の煙となって／沈んでいくものが登ってくる。」(加藤丈雄訳)と呼びかける。絶望の世界にあって「それでもなお」と、信頼を取り戻して生きようとしてきた詩人によって発せられた言葉である。

連行された人たちの多くは結局は帰ってこなかった。そんな暴力の恐怖に耐え続けてきたナンサルマーさんにとって、ロブサンミンジュールドルジの書物それ自体が希望の象徴であったに違いない。希望を持ち、鳥のように飛び立つことができるからこそ、大地に根をはり踏みとどまることができる。苦難の生活にただ黙って耐え、静かに暮らしてきた彼女の生涯がそれを雄弁に語っている。

苦悩のなかに踏みとどまる勇気、ほんの僅《わず》かであったとしてもこの勇気の強靭《きょうじん》さこそが人間であることから撤退しない最後の砦である。ここから撤退したら、人間に何が残るのか。そして、人間である限り、観念的だと揶揄《やゆ》されようとも〈非戦〉という旗印は下ろさない。暴力が蔓延するなかにあって、苦悩に踏みとどまる強靭さを持って何度でも人間の生き方について思索するしかない。

みのうら　あきお

1969年三重県生まれ。大谷大学大学院文学研究科博士後期課程満期退学。博士（文学）。大谷大学教授。真宗大谷派三重教区専明寺住職。

法語

大量殺戮への途が発見されたとき、
ただ一人の人間へ到る途も
発見されたはずだ。

出典／『石原吉郎全集・Ⅱ』（花神社、156頁）

5

「戦争」を繰り返さない

戦争は真宗門徒のやるべきことではない。できればそれを拒否する勇気をもっていきたい。

泉　惠機（真宗大谷派僧侶）

戦死した父との出会い直しから

１９８０年代、私が真宗大谷派の同和推進本部（現・解放運動推進本部）の仕事でタイに滞在していたときのこと。現地の市場で食料を買おうとしたら、売っていた女性が、私を日本人と知ると地面に唾《つば》を吐き、「あなたには売らない」と言われました。どうもその女性は、戦時中に自分の父親が日本軍に連行され、そのまま帰ってこなかったという経験をおもちだったようなのです。

私はそのとき、タイで買春に苦しめられている女性たちの現地調査に来ていました。ですから私は、自分が何か善いことをしている気でいたのです。その慢心が、その女性のひと言でへし折られました。「お前自身が加害者じゃないか」ということを突きつけられたのです。

太平洋戦争で、日本軍はアジアの国々を侵略し、人々に甚大な被害をもたらしました。実は私の父も、私が生まれる前に兵隊にとられ、フィリピンで戦死しています。残された母は、おそらく父亡きあとの生活苦からくる過労のためでしょう、私が7歳のときに亡くなりました。そうした出来事が、私にとって戦争のイメージを形成する原体験になっています。

私はその後、父が戦死したフィリピンの地を訪れました。すると現地に、「イズミ」という父の姓を覚えていてくれた人がいたのです。その方のお話によれば、横暴な日本兵が多い中で、私の父は比較的現地の人と温厚に接していたらしく、いい印象をもってくださっていました。そんな経験をとおして、私は一度も会ったことのない自分の父と出会い直すことができ、改めて「非戦」の思いを胸に刻みつけたのでした。

真宗の教えから非戦を唱えた高木顕明

真宗大谷派教団は、明治以後、天皇制国家の侵略戦争と植民地支配に積極的に加担し、太平洋戦争においても仏法の名のもとに多くの若者を戦地へ赴かせました。教団のそうしたあり方に異を唱え、戦争に反対した僧侶もいなかったわけではありませんが、残念ながらごく少数だったのです。その一人が、日露戦争において非戦論を唱え、大逆《たいぎゃく》事件で逮捕された大谷派僧侶《そうりょ》・高木顕明《たかぎけんみょう》です。

高木顕明は、1864年（元治1）年に尾張国（現・愛知県）で生まれ、1897（明治30）年から11年間、和歌山県新宮《しんぐう》市の浄泉寺で住職をつとめました。顕明はその間、ご門徒に多かった被差別部落の人々に心を寄せ、部落の貧しい子どもたちに寺で勉強を教えるなどの活動に取り組みました。また女性が貧しさゆえに身売りさせられる現実に心をいため、廃娼運動にも熱心に取り組みました。そして、日本全体が日露戦争開戦に沸き立っていたさなかに、非戦論を主張し、「余が社会主義」という文章を書いています。

その文章の中で、顕明は「戦争は極楽の分人の成す事で無い」といって明確に非戦論を唱《とな》えました。また「諸君よ願《ねがわ》くは我等《われら》と共に此《こ》の南無阿弥陀仏を唱《とな》へ給ひ。今且《しば》らく戦勝を弄《もてあそ》び万歳を叫ぶ事を止《や》めよ。何となれば此の南無阿弥陀仏は平等に救済《きゅうさい》し給ふ声なればなり」といった文章を見れば、顕明があくまで真宗の教えから出発して非戦を唱えていたことがわかります。

そうした顕明の思想と行動が明治政府からにらまれたのでしょう。1910（明治43）年に起きた大逆事件において、顕明はその「新宮グループ」の一人として逮捕され、死刑判決を受けます（翌日に無期懲役に減刑）。大谷派教団は、これを受けて顕明から住職の地位を取り上げ、「擯斥《ひんせき》」という最も重い処分を行って宗派から追放してしまいます。そして顕明は、失意のためでしょうか、いまから100年ほど前の1914（大正3）年、秋田監獄で自死をとげてしまいます。

その後、大谷派教団は1996年になってようやく、彼に対して行った不当な処分と、それを放置してきた罪責を懺悔し、当時の処分を取り消して謝罪と名誉回復を行いました。しかし、これからも私たちが親鸞聖人の教えに照らして、非戦の願いを心に刻み続けない限り、いつまた同じ過ちを冒してしまわないとも限りません。

＊

非戦への願いを抱いているといっても、地方の寺の住職である私に、たいしたことができるわけではありません。それでも、寺のご門徒に対しては、できるだけ機会を設けて戦争のことをお話しし、「戦争は真宗門徒がやるべきことではない。できればそれを拒否する勇気をもっていきたい」とか、お釈迦さまの一族も聖徳太子の一族も、戦争や政争によって滅ぼされたということなどにふれたりすることもあります。

親鸞聖人の師であった法然上人は9歳のとき、武士であった父・漆間時国《うるまときくに》を、目の前で敵に斬られて亡くされましたが、そのとき時国は、死に臨んで幼い上人に「敵を怨《うら》んではならない」と言い聞かせ、敵を殺せばいつまでも争いが続くと言って、仇討《あだうち》を禁じたと伝えられています。その出来事は、おそらく上人の生涯をとおして生き続けていたのだと思われます。

そうしたことを思うと、親鸞聖人が開かれた真宗の教えの根底には、釈尊以来ずっと受け継がれてきた非戦の願いがあることを改めて知らされるのです。（談）

いずみ　しげき

1944年滋賀県生まれ。大谷大学大学院修士課程修了（真宗学）。真宗大谷派同和推進本部嘱託、同解放運動推進本部本部委員、大谷大学教授を務める。真宗大谷派長浜教区清休寺前住職。2021年4月17日逝去。主な論文に、「高木顕明に関する研究資料及び略年譜について」「高木顕明と部落差別問題（一・二）」「大逆事件と真宗大谷派」など。

法語

諸君よ願《ねがわ》くは我等《われら》と共に
此《こ》の南無阿弥陀仏を唱《とな》へ給ひ。
今且《しば》らく戦勝を弄《もてあそ》び
万歳を叫ぶ事を止《や》めよ。

出典／高木顕明「余が社会主義」（『高木顕明の事績に学ぶ学習資料集』東本願寺、45頁）

6

「レイシズム」を問う

差別とは打ち破っていくもの。

兪 漢子（真宗大谷派僧侶）

沖縄に移り住み19年

「沖縄差別」という言葉も知らず、のん気に沖縄に来たわけではないけれど、目の前の現実はいっそう強く私を沖縄の大地に引き止めた。

すでに基地が有るにもかかわらず、新しい基地建設の計画が語られていた頃のことだ。

土砂が投入される前の海の色を覚えている。世界一と言われた透明度の高い海。そこに住む魚たち。土砂が投入された瞬間、悲鳴が聞こえた。人間に殺されたと叫ぶ海の悲鳴だった。

地球上の全ては人間だけのものではない。そんなことは誰もがすでに知っている、と考えるのは幻想かも知れない。現実は欲に縛られて「足るを知る」の教えを忘れ去っていたのではないか。

辺野古の海で出会ったウミンチュ（漁師）が「あの戦争で全て何もかも焼かれてなくなったとき、海から頂いた食べもので生きることができた。その海を埋めることは許されない」と訴える。そのウミンチュがいつも着ているTシャツにはそんなメッセージが書いてあった。素敵だったので真似して着た。

私は、新しい基地が朝鮮半島と中国に銃口を向けている、と聞いて悲しみと怒りがこみ上げてきた。そんなことになれば、ウミンチュたちは何処《どこ》へ行くのだろう。否、誰もが安寧《あんねい》ではいられない。そんな時代になるのではないか？と私は危惧する。そんな私を「被害妄想だ」と遠くの友人が言う。私は「あなたには想像力がない」と反論する。

追憶

私は日本の片田舎で生まれた。9人兄姉の末っ子だ。物語が好きな子どもだった。貧しかったけれど周りも皆貧しいので卑屈にはならなかった。

小学校から高校まで一貫して朝鮮学校で学んだ。国語はもちろん、朝鮮語。制服は民族服のチョゴリ。イジメにあわないように集団登校になった。通学路に日本の小学校があった。みんなで「日本学校ボロ学校!!」と何十倍も立派なコンクリートの校舎に向かって囃《はや》し立てた。

朝鮮学校は日本の植民地時代に文字と言語を奪われた、在日朝鮮人あるいは在日韓国人の一世たちが、戦後いつの日か故郷に帰るその日まで文化を途絶えさせないという願いを込めて、お金を出し合い手作りで建てた。木造の、蔦《つた》に絡《から》まれた校舎だった。まだ一世たちが元気な頃に懐かしさを込めて語ってくれた。私はこの校舎が好きだった。

1910年、朝鮮半島は日本の植民地になった。私のオモニ（母）が故郷を後にしたのは17歳。1945年に朝鮮半島は植民地支配から解放された。けれども故郷に安寧を求めることはできなかった。戦後補償の対象から抜け落ちたまま、生きることだけに精一杯の暮らしの中で日本に置き去りにされたオモニたち。文字を学ぶ大切さを知っていた私のオモニは、自分の子どもたちが差別に負けないように教育した。兄たちにとっては鬼のように恐ろしい「教育ママ」だったそうだ。

無邪気な子ども時代は過ぎ去って思春期。初めて差別を身に沁みるほど知る。就職先が無い。何度か落ちて気がついた。履歴書の「韓国」の国籍を「日本」と改ざんしたら、すんなり通った。

私は思う。差別は無知が生み出すものだと。「あなたのような人が朝鮮人だなんて、もったいない」とか「どうしてお国に帰らないのですか？」と聞く善意の言葉に時々うんざりする。それでも無関心よりはましか、と思いなおして心を工夫しても、感情を抑えられないときがある。

同発菩提心―同じく菩提心を発《おこ》して

「同発菩提心《どうほつぼだいしん》」。中国の仏教者、善導大師の言葉だ。すべてを包み込む広い言葉として私に届いた。

仏教は「自由と平等」を説く宗教だとお寺で聞いた。仏教でいう「差別《しゃべつ》」とは、相手を見下すことでも卑屈になることでもない。仏教の教えに立てば、差を知ること、違いを尊重することが「差別」の本来の意味だと思う。

沖縄に移住するずっと以前、何名かの高校生が訪ねて来た。指紋押捺拒否[*1]をした私に会いに来たのだ。話が進むにつれて、それまで発言しなかった一人の少年がポツリと自分の出自を話し出した。

「朝鮮人として生きるのは日本では不利だから差別を超えるために」と父親が自分の知らないうちに日本の国籍に変えたのだと言う。少年は、「お父さんは超えろというが、差別は超えることではなく打ち破っていくものだ」と言った。

私がどうしてそう思うのかと尋ねると、「差別は超えてしまったら、超える前のところに残される者がおるやろ。自分一人が日本人になって幸せになれるとは思わない」と答えた。

彼は、超えられなくて残っていった人の悲しみを知っていたのだろう。

人間に差別されていい人間がいるのではない。差別する人間がいるだけだ。「差別を打ち破っていく」とはどういうことか。差別される者だけが、打ち破っていくものなのだろうか。
今も問いは消えることはない。共に生きるために。

＊1　指紋押捺…1952年に施行された外国人登録法において、55年より指紋の押捺が義務付けられていた。99年の法改正で制度は廃止された。

ゆ　よんじゃ
1949年広島県生まれ。韓国国籍在日朝鮮人二世。2000年より大谷大学で2年間修学。真宗大谷派高田教区安専寺衆徒。2004年から沖縄県読谷村に移住。琉球親鸞塾塾生。

法語

同《どう》発《ほつ》菩《ぼ》提《だい》心《しん》

出典／善導「帰三宝偈」（『真宗聖典』148頁）

7

「虐待」を悲しむ

虐待からの解放は、
虐待への深い悲しみから始まる。

高木淳善（草津大谷保育園園長）

子どもも大人もほとけの子

児童虐待が社会問題になっています。本来ならば子どもにとって最も信頼し、安心できるはずの親からうける虐待やネグレクトによって、体だけでなく心も傷つけられる事例が後を絶ちません。

虐待というと、その行為の残虐性や悲惨さばかりに目が向きがちです。しかしもっと根本的な問題、すなわち親と子の関係はどのようになっているのでしょうか。「虐待」という用語は、英語で「乱用」を意味する「abuse」の訳語であり、さらには「不適切な関わり」を意味する「maltreatment」の訳語とされています。つまり虐待とは、大人（親）の欲望や要求を満たすために、子どもあるいは子どもとの関係を利用（悪用）し、子どもを支配し搾取《さくしゅ》しようとすることがその行動原理と言えます。

このような関係性に対して、仏教は何を問いかけてくるのでしょうか。大谷保育協会[*1]が大切にしている「ちかいのことば」を手がかりに考えてみたいと思います。

わたくしたちは　ほとけのこどもになります
わたくしたちは　ただしいおしえをききます
わたくしたちは　みんななかよくいたします

この三つのちかいは、仏教徒の基本である「三帰依《さんきえ》」の精神が根底に流れています。「ほとけのこども」とは、釈尊《しゃくそん》が誕生の際に語ったと伝えられる言葉「天上天下《てんじょうてんげ》唯我独尊《ゆいがどくそん》」に表されているように、一人ひとりがかけがえのない尊い存在だということです。誰かに束縛されたり支配されたりするのではなく、お互いそれぞれが独立した尊い存在である。このような関係性が願われているのが「ほとけのこども」であり、その願いに応えて生きることを表明するのが「ほとけのこどもになります」という誓いなのです。

このことは大人と子どもの関係においても願われていることです。大人と子どもの関係が上下関係（育てる者と育てられる者、あるいは教える者と教えられる者）だけになってしまってはいないでしょうか。虐待における大人から子どもへの支配と乱用の関係も、上下関係の延長上にあるものと言えます。

願いに目覚めた人（仏）の「ただしいおしえ」に導かれ、子どもも大人もお互い一人の人間として尊重し合う関係を築くことが、真の「みんななかよくいたします」という世界なのでしょう。

業縁存在だからこそ

このように確かめた上で、私自身の子育てを振り返ってみれば、正直ドキッとさせられることが多々あります。「早くしなさい」と怒る時、実は子どもは何も悪くなく、ただ私が遅れたくないというイライラの矛先を子どもに向けて支配しようとしていたのではないかと反省させられます。

「子どもに対して理不尽に怒ってはいけない」と、頭では分かっています。でもそんなものはいざという時には何の役にも立ちません。「さるべき業縁《ごうえん》[*2]のもよおせば、いかなるふるまいもすべし」（『真宗聖典』634頁）と言われるように、怒る時には怒ってしまうのです。自分は虐待などするはずがない。そう思っていても、条件（縁）

次第でしてしまうのが人間の姿なのでしょう。

実際、報道された虐待事例にも、子どもを愛し必死で育てていた母親が、過酷な子育て環境の中で極限状態にまで追い込まれた結果、我が子を虐待死させるという悲しい事件がありました。その後の裁判で涙ながらに自責の念を語る姿からは、痛ましいの一言では済ますことができない人間の深い業縁性を感じずにはおれません。

しかしながら業縁という観点から言えば、いつ虐待をする立場になるかもしれないということは、同時に縁によっては虐待を未然に防ぐことも可能だということです。あるいは虐待に苦しむ人に寄り添う立場にもなり得るでしょう。人は業縁存在だからこそ、虐待からの解放への道筋が開かれていると言えるのではないでしょうか。

その道筋を確かなものにするために、私たちに何ができるのか。具体的な行動は各々の縁によると思いますが、根底で大切にしたいのは「わたくしたちは、ほとけのこどもになります」という誓い、すなわち仏の願いに応えて生きようとする歩みです。

この歩みの中で見えてくるのは、業縁存在であるが故に、どこまでも「ほとけのこども」になれない自分自身、さらには他者の姿ではないでしょうか。これは「ほとけのこどもになります」という歩みにおいてこそ見いだされる悲しみです。

人は誰でも縁次第で虐待をしてしまう。この現実に対して開き直るのか、あるいは「自分には関係ない」と突き放すのか。それとも自分自身の深い悲しみとし、そこから行動へとつながるのか。虐待からの解放は、虐待への深い悲しみから始まるのだと思います。

＊1 大谷保育協会…真宗保育を実践する全国の幼稚園・保育所・認定こども園で組織される公益社団法人。
＊2 業縁…行為（業）が条件（縁）となってはたらくこと。

たかぎ　あつよし

1970年滋賀県生まれ。神戸大学法学部法律学科卒業。銀行勤務の後、大谷大学大学院博士後期課程満期退学。大谷大学聖教編纂室委託編纂室員を経て、現在、真宗大谷派京都教区近江第三組覚成寺住職。草津大谷保育園園長。公益社団法人大谷保育協会真宗保育研究所所員。

法語

さるべき業縁《ごうえん》のもよおせば、
いかなるふるまいもすべし

出典／『歎異抄』第13条（『真宗聖典』634頁）

8

「格差」と向き合う

格差が広がり、人々が余裕を失う中で、現代人は死生観すら失いつつあるのではないか。

中下大樹（真宗大谷派僧侶）

寄る辺なき人々の死に寄り添い続けて

私は今まで、生活困窮《こんきゅう》者を中心に、2千5百人を超える方々のお弔《とむら》いに僧侶《そうりょ》として関わってきました。路上生活者の方はもちろん、中には孤立死で死後数カ月が経ち、ネズミにかじられて顔の原型がわからないようなご遺体にも数多く接してきました。また最近は、老夫婦で暮らしていて、どちらかが認知症のため、連れあいが家の中で突然亡くなってもその死が理解できず、家から漂う死臭に気付いた近所の方が通報し、変死体として警察が扱うようなケースにも数多く立ち会っています。

私が関わる現場は東京都内が中心ですが、依頼があれば首都圏全域に駆けつけます。そして、それらのご遺体はすぐ火葬場へ運ばれ、荼毘《だび》に付されます。火葬場に行くたびに、私はできるだけ時間を作って、そこで働く職員の方々のお話を聞かせていただくようにしています。火葬場の職員の方々は、朝から晩まで一日じゅう火葬炉の前に立ち、さまざまな故人や遺族の姿を目にします。おおぜいの家族や友人に見守られながら荼毘に付される方がいる一方、火葬に誰も立ち会わず、読経《どきょう》する僧侶すらいないというお別れの場にも数多く立ち会うことになります。いわば火葬場の職員は、葬儀の現場の最前線にいる方々とも言えるでしょう。

今まで延べ数百名の職員にお話を聞かせていただきました。勤続30年というベテランの職員は、「バブル全盛期は会葬者が100人なんて小さな葬儀だった。今は家族葬が半数以上で、会葬者100人を超える葬儀は極端に少ない。「直葬《ちょくそう》」[*1]が急激に増えて、時代が変わったよな」と語ってくださいました。またある若手職員は、「故人とは生前からほとんど交流がなかったから遺骨もいらない、と言う遺族もいる。〝あなた方（火葬場）で遺骨を処分してくれないか？〟と言われて、答えに困ったことも」と、その苦悩を語ってくれました。

格差と貧困は別れの場すら壊してしまう

ここ10年ほどは、火葬場の職員との会話の最後に、「直葬の方の割合は今どのくらいでしょうか？」とお尋ねするようにしています。すると10年前は「2割前後」が多かったものが、最近は「3～4割前後」という答えが多く聞かれます。親族数名だけが火葬炉の前で集まり、棺《ひつぎ》の蓋《ふた》をあけて短いお別れをして荼毘に付すケースが急激に増えているそうです。なぜ、「直葬」は、ここまで増えてしまったのでしょうか？　私は大きくわけて、①経済的な問題（貧困）で葬儀費用が用意できない、②核家族化・少子化の影響などで葬儀に人が集まらない、③葬儀社・僧侶（宗教者）に対する不信感、という3つの理由があると考えます。

①について言えば、格差が広がり、貧困層が増加するにつれて、多くの生活困窮者には精神的・時間的余裕が失われ、身近な人が亡くなっても「火葬のみでいい」ということになりがちです。

②について。人は一人では生きていけないので、家族や地域社会、会社や学校といったさまざまな関係性の中で生きています。しかし、核家族化や少子高齢化が進み、介護期間の長期化などの理由で社会的な繋《つな》がりが薄い人も多く、葬儀に誰も集まらないケースも増えてきています。ライフスタイルや価値観の多様化の影響も無視できません。

③について、以前『葬式は、要らない』（幻冬舎新書）という本がベストセラーにな

りました。テレビや雑誌などでは、「葬儀社や僧侶に多額の金をぼったくられた」といった内容の記事も多く見かけます。もちろん、葬儀社や僧侶の側にも全く問題がないとは言いません。葬儀費用の根拠や仏事の必要性について、人々に納得していただけるだけの説明責任を果たしていくことが求められています。

＊

最後になりますが、「葬儀をしたいけど、できない」のと「葬儀ができるのに、しない」では全く意味が異なります。お金をかけなくても、充分なお弔いはできます。しかし、それには事前の準備が必要不可欠です。信頼できる葬儀社や僧侶（宗教者）との関係、家族や周囲の理解、自分自身の死生観の確立があってこそ、納得のいくお別れができます。しかし、経済的な「格差」が広がることで、人々は目先のことに追われ、気持ちに余裕が失われていきます。余裕が失われると、お釈迦さまが問い続けられた「生老病死」といった人間が生きていく上での本質的な問題に正面から向きあうことを避けがちになります。日本社会は今後、ますます少子高齢化が進み、亡くなる方が急増していくことは明らかです。しかしながら、現代人の多くは、死に対する哲学、または「死生観」を持ちあわせているのでしょうか？

＊1 直葬…「じきそう」と呼ぶ場合もある。火葬のみで荼毘に付し、通夜を行わない形式の葬儀。遺影・生花・法名等がないことも多く、費用も安価となっている。

なかした だいき

1975年生まれ。真宗大谷派三条教区祐光寺衆徒。『悲しむ力』（朝日新聞出版）、『あなたならどうする 孤立死』（三省堂）、『死ぬ時に後悔しないために 今から大切にしたいこと』（すばる舎）など著書多数。早稲田大学などで講師を務めつつ、人間の「生と死」の現場に積極的に関わっている。

法語

我が末法の時の中の億々《おくおく》の衆生《しゅじょう》、
行《ぎょう》を起し道を修せむに、
いまだ一人として得る者あらじ

出典／法然『選択本願念仏集』（岩波文庫、10頁）

9

「仮想現実」が問いかけるもの

色や形、そして言葉によって世界を生きる私たちは、この世界から覚醒することは不可能であるという覚醒。

門脇 健（大谷大学名誉教授）

私たちが生きているこの世界はリアルなのか

「仮想現実」という言葉は、私たちの心に様々な不安を呼び起こします。「ゲームやスマホの中に広がる世界が、現実逃避の場となっていないか」という受験生の親御さんの心配。あるいは、今まで生まれ育ってきた「現実」がどうでもよくなり、特定の宗教の世界だけがリアルな「現実」になってしまう、カルト宗教問題。以前は個別的な勧誘でそのような「現実」へと導かれたのですが、近ごろはSNSを通じて多くの人々が、今まで知られなかった「現実」へアクセスできるようになり、それを信じ込んでいるという事態になっています。2020年のアメリカ大統領選挙で見られたように、ツイッターで拡散されたデマが多くの人々に信じ込まれている光景は、不安を超えて恐ろしいものでした。

しかし、このような不安や恐怖をいだくのも、私たちが自分たちの生きていることの現実こそがリアルな現実であると思い込んでいるからです。自分たちは確実な世界を生きているのに、あの人たちの世界は仮想されたものに過ぎない…。しかし、同じことを「あの人たち」の方も思っているのです。いや、よく話を聞いてみると「あの人たち」の世界の方がリアルかもしれない、とあちら側の世界に移ってしまう人がいるかもしれません。

自分の生きる世界こそがリアルであると自分で確認できるのでしょうか？ 私たちは夢から覚めることができますが、その「覚めた世界」が夢ではない、と証明することはできません。永遠に覚めない夢を見ているという可能性を否定できないからです。

「これだけがまこと」はカルトの入り口

それでは、仮想現実や夢ではないリアルな現実というのはあり得るのでしょうか。そう思って、親鸞聖人のお言葉を探ると、『歎異抄』の次のようなお言葉が目に入ってきます。

煩悩具足《ぼんのうぐそく》の凡夫《ぼんぶ》、火宅無常《かたくむじょう》の世界は、よろずのこと、みなもって、そらごと

たわごと、まことあることなきに、ただ念仏のみぞまことにておわします

（『真宗聖典』640〜641頁）

まことに思い切りのよいお言葉です。私たちがリアルだと思って生きているこの世界のすべてのことが「そらごと」であり「たわごと」であるというのです。「お前たちの生きる世界はニセモノで、私たちが生きる世界がホンモノだ」というコップの中の争いを一挙に吹き飛ばしてしまいます。お前の世界も私の世界も、すべてこの世は「そらごとたわごと」である。しかし、次に続く「ただ念仏のみぞまことにておわします」が、「念仏によって開かれる世界こそが真にリアルだ」を意味するとしたら、また、同じような争いに巻き込まれてしまいます。念仏より禅だ、いやお題目こそがまことだ！　というわけです。そうなると、それぞれが単なるカルト宗教になってしまうでしょう。家族の誰かが、「この世はそらごと、たわごとば

かり、念仏だけが本当だ」と宣言し、現実を生きることを放棄してどこかに籠《こも》って念仏だけ称《とな》えている、という困ったことになってしまいます。

「そらごとたわごと」をも包み込む大きな物語

親鸞聖人は念仏だけが「まこと」とおっしゃいますが、他方、同じ『歎異抄』で、その念仏を喜んでいただくことができないとも述べておられます。むしろ、煩悩に妨げられて念仏を喜べない私たちのような凡夫のためにこそ阿弥陀仏は本願《ほんがん》をたてられたのだから、「大悲大願《だいひだいがん》はたのもしく、往生は決定《けつじょう》」(『真宗聖典』630頁)である。もし念仏を喜びお浄土へ早く行きたいと思うようになったら煩悩が無くなってしまったのかと「あやしく」思われるとまで述べておられます。

念仏の「まこと」を、私たちは直接つかみ取ることができません。私たちに把握できる「まこと」など、たかが知れています。念仏の「まこと」は、ほかで「実相」「一如《いちにょ》」あるいは「法身《ほっしん》」などと呼ばれているもので、それは「いろもなし、かたちもましまさず。しかれば、こころもおよばれず。ことばもたえたり」（『唯信鈔文意』、『真宗聖典』554頁）と述べられています。いろやかたちや言葉で心を動かされ、泣いたり笑ったりしている私たちには、到達できない境地なのです。いや、そのように「人間には把握できない」「不可思議」という否定を通じてのみ指し示される境地なのでしょう。しかし、そのような境地、つまり浄土になぜ往生しようとするのか。それは、その「一如」「まこと」から法蔵菩薩が「方便《ほうべん》」として現れ、修行の末に本願を成就《じょうじゅ》し阿弥陀仏になり、浄土という国土を建てられた物語が、私たちに示されるからです。

たしかに、この浄土の物語も「仮想現実」と言うことができます。しかし、私たちも、この浄土の物語に、一如から生まれ「そらごとたわごと」に四苦八苦している凡夫として登場しています。そして、四苦八苦するゆえにこそ本願によって一如へと救い取られてゆくのです。

浄土の物語は、「そらごとたわごと」をも包み込む大きな物語なのです。

かどわき　けん

1954年福井県生まれ。京都大学大学院文学研究科宗教学専攻博士後期課程満期退学。大谷大学名誉教授。専門は宗教哲学、宗教学。真宗大谷派福井教区善久寺住職。著書に『哲学入門　死ぬのは僕らだ！』（角川SSC新書）、共著に『揺れ動く死と生　宗教と合理性のはざまで』（晃洋書房）など。

法語

煩悩具足《ぼんのうぐそく》の凡夫《ぼんぶ》、
火宅無常《かたくむじょう》の世界は、よろずのこと、
みなもって、そらごとたわごと、
まことあることなきに、
ただ念仏のみぞまことにておわします

出典／『歎異抄』後序（『真宗聖典』640～641頁）

10 「正義」を考える

「正義」を立てずにはおれない「孤児」である「私」が「大悲」されている。

高柳正裕（学佛道場回光舎舎主）

正義が振りかざされる時そこに地獄が生まれる

ヨーロッパには「地獄への道は、善意によって敷き詰められている」という格言があるそうです。この格言が意味するところは、正義が振りかざされる時、そこに地獄が生まれるということですが、これは私たちが日常生活の中で肌感覚として、痛いほどわかっていることです。それなのに「正義を振りかざしてはいけない」と自戒したり、他人に対していくら言っても、いざとなると激高し、「私は悪くない、悪いのは相手だ」としか思えないのは一体どうしてなのでしょうか。

私は14歳の時、ある出来事がきっかけで、自分が何故このような自分として此処《ここ》にいるのか、わからなくなってしまうと同時に、目の前の木や草を見ても、自分と木の間には透明な分厚いビニールのような膜があり、直接触れられない感覚に覆われてしまい、学校へ行く気力が無くなってしまいました。そして、それまで好きだった食べ物を食べても、砂をかむような感覚で、味がしなくなってしまいました。

そんな頃、ある寺に行って、「どうして自分はこんなに苦しいのか」とぶつけてみました。しかし、住職さんは「みんな10代には悩むが、そのうち、おさまる」という一般論と、「命は仏さんからの預かりものだから、死んではいけない」と説教めいた言葉で、「死にたいと思っているお前は駄目な奴だ」というような意味のことを私に言いました。そうした言葉を聴いて私は、「今、苦しい私のことを、坊さんは全くわからないんだ」と痛感し、二度とお寺には近づくまいと思ったのです。

人間は例外なく「孤児」である

その頃の私の感覚を一言で言えば、「自分は世界の中に投げ出された孤児」だということでした。孤児の感覚とは、単に心が通じる親や友達がいないという意味ではなく、世界そのものに触れることができない、世界からはじき出され、異物として遊離した存在ということでした。そんな「私」は逆に、無意識のうちに、目に映る世界や人を「これはどういう物なのか、この人はどういう人なのか」と、潜水艦がソナー音波を出して探るようにして見極め、確定しようと、いつも精神が張りつめていました。触れられないからこそ、逆に私が世界を観察し、確定しなければ、不安でたまらなかったのです。

そうした世界から遊離し、張りつめていた「私」に、ある時、ある方の「そのまま」という声が聞こえてきたのです。その時、世界を常に観察・確定している、言い換えれば、善悪・純不純などと決めつけるこの「私」そのものが投げ出され、世界そのものに初めて触れられた。そして、私の前にあった透明な膜が消え、世界と他者が自分自身そのものだという実感が湧いてきたのです。

ある哲学者は、人間とは世界に投げ出された「被投的存在」だと言います。またある小説家は「異邦人」だと言います。そうなのです。私たち人間は、気づいていようがいまいが、精神の奥底では無意識に孤児であり、世界や人に出遇《であ》えないと苦しんでいる。悲しいことに「私」とは、無意識のうちに、瞬間的に直ちに、一切を認識し判断してしまう主体であるが故に、一切を「私」の外の対象として感じることしかできないのです。言い換えれば、一切を判定する裁判官、「神の目」が「私」

です。「神」である「私」は、「絶対者」です。「「私」は正しく、他は間違っている」という、地獄を必然する精神の根本は、要するに、「私」こそが善悪や正邪の価値判定をすることができる「絶対の裁判官」であるということです。

善悪を判断するが故に「私」は空虚《うつろ》である

この「私」のことを親鸞聖人は「正信偈《しょうしんげ》」で「邪見驕慢《じゃけんきょうまん》」と自身のこととして押さえておられます。「邪見・驕慢」と言われると、価値的に駄目な奴だと言われているように感じるかもしれませんが、そうではない。「邪見」とは「邪悪な見方」という意味ではなく、歪《ゆが》んだ見え方、逆さまの見え方という意味ですが、踏み込めば、善し悪しを判定し、価値付けてしか物や人を受け取ることができないので、存在そのものに触れることができないということなのです。世界そのもの、相手そのものに出遇うことができない。だから孤独で虚しく、心の底は荒涼としているのです。

　こうした「私」の苦しみを親鸞聖人は「善悪の字しりがおは　おおそらごとのかたちなり」と、決して他人ごととしてではなく、自分自身のこととして言っておられます。「おおそらごと」とは、「嘘つき」ということではなく、まさしく「いたたまれぬ空虚さ」ということです。この空虚さを作り、敵を仕立てあげ、地獄を招来しているのは、一切の善悪を瞬時に判断し断罪せずにはおれぬ、絶対に正しい無謬《むびゅう》の裁判官である「私」自身なのです。その罪の深さに驚き、「私は何も見えていない「無明《むみょう》」そのものである」ということに気付かされ、「善悪のふたつ総じてもって存知《ぞんじ》せざるなり」と懺悔《さんげ》において立ち上がる時、向こうから、世界そのもの、他者そのものが現れて来て、その存在に出遇い、触れることが初めて起こるのです。

たかやなぎ　まさひろ

1956年愛知県生まれ。金沢大学法文学部卒業後、タクシー会社、鉄工所、住み込み新聞配達を勤めた後、大谷大学大学院、真宗大谷派教学研究所所員、大谷専修学院非常勤講師、同朋大学非常勤講師を経て、現在、学佛道場「回光舎」舎主。著書に『増補版 衆生という存在』（響流書房）、『大いなる共震の「悲の海」へ』（サンガ伝道叢書）、共著に『宗教間対話のフロンティア』（国書刊行会）など。

法語

われはわろきとおもうもの、
ひとりとしても、あるべからず。

出典／『蓮如上人御一代記聞書』（『真宗聖典』866頁）

11

「老い」を味わう

ほんとうに苦しむことができたとき、
その中でなおも生きようとして
やまないいのちに喜べるのではないか。

岸上 仁（医師・真宗大谷派僧侶）

人生に喜びはあるのか

「なんかさみしいんです」。認知症外来に来られる患者さんから、ときにそんな声を聞きます。とくにご家族とは別にお話を聞いたときに、ご自身の心境を話されます。親しい人も皆いなくなって話を聞いてくれる人もいない。家族は自分を迷惑がっているようだ。空《むな》しく日々が過ぎる。そんな孤独感、疎外感を吐露《とろ》されます。

そしてご家族からはこう相談されるのです。「夫はずっと家でぼーっとしている。何かしてほしい」。そうして「何かすること」を探します。そんなときご本人に尋ねると、「何がしたいかわからない」と返ってくることが多いのです。

仕事が生きがいだったが、定年で仕事を辞めた。子どもが生きがいだったが、もう独立した。仲がよかった人とも会えなくなった。今まで楽しんできた趣味もできなくなってきた。

では、いったい今の自分は何が喜びなのか。それがわからなくなるのです。今まで喜びだと思ってきたものに信頼が置けなくなる。生きがいだと信じてきたものが崩れる。はたして今の人生に喜びはあるのか、という疑いの中に投げ込まれてしまうのです。これが実は「信仰」の問題なのではないでしょうか。人間が人間として生まれた喜びを支える信頼。それをどう回復するかということを確かめてきた歴史が、仏教という形で伝えられてきたのです。

それが老いの苦しみがもつほんとうの意味であり、それを抜きにして「老いを味わう」といっても、目の前の現実を避けるしかありません。そうして楽しい趣味はないか、デイサービスに行けばよいのではないか、などと言って、何か楽しめることを探すのです。しかしこれでは何を求めているのかわからないまま、その手段ばかりを求めていることにならないでしょうか。自分自身が人生においてほんとうに求めているものは何なのでしょうか。

認知症の症状としてよく知られる「徘徊《はいかい》」は、単に脳の異常と考えるのではなく、実は今お話しした問題の現れという面があると私は考えています。徘徊とは、少し前の看護辞典には「どこともなく意味もなく外出したくなり、歩きまわること」とされていました。ということは、見ている人が意味を知らなければ徘徊になってしまいます。よく確かめてみると、昔の職場に行こうとしていた、昔住んでいた家に帰ろうとしていた、とわかることがあるのです。つまり、どこか「確かな居場所」

を求めているのです。誰しも安心して帰るところがほしい。しかし周りを見渡してもどこにもないのです。

「菩提心《ぼだいしん》」という仏教の言葉があります。「菩提」とは覚《めざ》めという意味です。誰しも確かな居場所がほしい。老いても喜びのある人生を送りたい。そんな老いによって崩れることのない人生に覚めることを菩提というならば、誰しも菩提を求める心を持っています。そういう意味では誰もが菩提心によって居場所を求め〝徘徊〟するといえるかもしれません。しかしどこに求めていいのかわからない。同じ苦しみを抱えて一緒にさまよってくれる人がいなければ、ただ苦しみの中に溺《おぼ》れてしまいます。

ところが皆そんな徘徊に一緒につきあう余裕がないのです。家族には慌ただしい生活の中で、できないことを責められる。病院では知能検査で評価される。そんなふうに、人間を量る尺度が能力や成果ばかりをみる乏《とぼ》しいものになっています。能力や成果で量ることのできないような、苦しみを抱えて生きる姿そのものを敬う眼差しがあるということに、うなずけないのです。

悲しみの底に立ち上がる喜び

精神科医の神谷《かみや》美恵子《みえこ》さん（1914〜1979）は、著書『生きがいについて』（みすず書房）でこのようにいいます。「ひとたび生きがいをうしなうほどの悲しみを経たひとの心には、消えがたい刻印がきざみつけられている。それはふだんは意識にのぼらないかもしれないが、他人の悲しみや苦しみにもすぐ共鳴して鳴り出す弦のような作用を持つのではなかろうか」。

どんな苦しみを抱えているのかを知り、なぜ苦しむのかを確かめ、その苦しみの底に立って、自らのいのちを燃やし尽くした人がいる。そんな人物に出会ったとき、自分の思いに覆われた自己の底に流れるいのちをみる眼差しを知り、あなたのようないのちを生きたいと願う。その願いが人を歩ませる。苦しみを越えることは個人の問題ですが、それが人間であろうとするがゆえの苦しみであるなら、悲しみの心が他者とつながる世界を開く。そうしてつながってきたいのちの歴史を、仏《ブッ》陀《ダ》との出会いの物語として伝えてくれています。

また神谷さんはいいます。「ひとたび深い悲しみを経て来たひとのよろこびは、いわば悲しみのうらがえしされたものである。その肯定は深刻な否定の上に立っている。自己をふくめて人間の存在のはかなさ、もろさを身にしみて知っているからこそ、そのなかでなおも伸びてやまない生命力の発現をいとおしむ心である」。

「本《ほん》願《がん》力《りき》にあいぬれば　むなしくすぐるひとぞなき」という親鸞の言葉は、悲しみの心に出会い、苦をほんとうに苦しむことができる、自己を問い続けることができるという、悲しみの底に立ち上がった喜びの声なのではないでしょうか。私は、その喜びの心をたずねていきたいと思います。

きしがみ　ひとし
1976年大阪府生まれ。大阪医科大学卒業。大阪大学大学院修了（医学博士）。大谷大学大学院仏教学専攻博士課程修了。京都光華女子大学非常勤講師。大谷大学非常勤講師。真宗大谷派大阪教区受念寺衆徒。旭会園田病院、脳神経リハビリ北大路病院非常勤医師。神経難病や認知症の診療に携わる。

法語

本《ほん》願《がん》力《りき》にあいぬれば
むなしくすぐるひとぞなき
功徳の宝《ほう》海《かい》みちみちて
煩《ぼん》悩《のう》の濁《じょく》水《しい》へだてなし

出典／親鸞『高僧和讃』（『真宗聖典』490頁）

12

「死」を想うとき

南無阿弥陀仏と共に「死を想うとき」、阿弥陀仏の本願は私たちのいのちを輝かせる。

中島　航（九州大谷短期大学准教授）

朝の散歩

私が相談員として勤めていた高齢者施設にMさんという90代の女性がいました。施設入居時からすでに認知症の症状がみられ、介護が必要な状態で、月日が経つごとに認知症は進行していきました。日常生活の行為はもとより、言葉やお子さんの顔や名前も忘れ、さらには自分の名前を呼ばれても振り向くことはなくなっていました。

Ｍさんの日課は、毎朝、介護スタッフと一緒に敷地内の花壇まで散歩に行くことでした。ある朝のことです。Ｍさんと散歩から帰ってきた介護スタッフが慌てた様子で私のところに駆け寄ってきました。

「今日、Ｍさんの様子がおかしいんです」

「どうしたの？　何かあったの？」

「散歩の途中からずっと、ナンマンダブって」

「え？」

「お花を見ても手を合わせてナンマンダブ、他の利用者さんに会っても、途中でコーヒーを飲むときも、トイレに寄ってもナンマンダブ。とにかくずっとナンマンダブって言ってるんです。Ｍさん大丈夫でしょうか、どうしましょう」

よくよく話を聞いてみると、その日はいつも庭へ出る玄関が工事中で、遠回りして裏口から出たと。途中、講堂の横を通った際に、お参りに参加していたお年寄りたちが「ナンマンダブ、ナンマンダブ」と称《とな》えていたとのことでした。私が勤めていた施設は仏教由来の老人ホームで、講堂で毎朝勤行《ごんぎょう》があったのです。

私もすぐに部屋に駆けつけ、Mさんに挨拶すると、確かに「ナンマンダブ」とお返事をされました。

それから介護スタッフたちとも相談し、翌日よりMさんの朝の散歩コースに講堂のお参りが含まれることになりました。その日からMさんは「ナンマンダブ」の声と共に生活を送ることになります。

本願を思い出す縁

Mさんの認知症の状態や脳の萎縮は進んでおり、お念仏の声が湧き出ることこそ、まさしく不可思議そのものでした。何もできなくなっても、自分の名前まで忘れても、南無阿弥陀仏《なむあみだぶつ》は私たちの心に忘れないのです。これは南無阿弥陀仏のほうこそ、私を忘れないということでしょう。

Mさんの入居情報などを読み返してみると、お寺によく通っていたとありました。たまたま勤行のお念仏の声を聞いたことをきっかけに、お念仏が思い出されたのではないでしょうか。

お念仏は、頭ではなく、様々な大切な記憶と感情とともに深く胸に刻まれるものなのだということを、Mさんから教えられたように思います。浄土真宗の僧侶《そうりょ》で教学者だった曽我量深《そがりょうじん》師は「称名《しょうみょう》念仏」のことを「いつでも他力救済《たりききゅうさい》の本願《ほんがん》を思い出す縁というものになる」（『中道』第72号）と言われます。Mさんの胸のうちには、お念仏によって本願の教えも思い出されたにちがいありません。

それから数カ月して、Mさんは老化で少しずつ食事を受け付けなくなり、最後の飲食から約一週間後、老衰でお亡くなりになりました。

Ｍさんの最後の一週間は、私たちの声かけへの応答どころか、念仏の声も出ようもありません。そして最期の日は、ただ全身で、下顎《あご》を動かしての呼吸の音のみが部屋の中に響きわたるだけでした。

しかし、そのＭさんが精一杯に全身を使って発せられる、ひと呼吸ひと呼吸の音は、南無阿弥陀仏という念仏の声にほかならないものでした。「ついに念仏の息たえましましおわりぬ」と親鸞聖人の伝記『御伝鈔《ごでんしょう》』に伝えられている親鸞聖人の最期のお姿を、Ｍさんの最期に感じざるをえませんでした。

いつまでも「南無阿弥陀仏」と共に

『歎異抄』第一条に、「念仏もうさんとおもいたつこころのおこるとき、すなわち摂取不捨《せっしゅふしゃ》の利益《りやく》にあずけしめたまうなり」との親鸞聖人の仰せが記されています。

今まさに念仏を申さんと思い立ったそのとき、阿弥陀仏の摂《おさ》め取って捨てない光明のはたらきにあずかっている。私をそのままに、いつまでもどこまでも摂取して捨てないということです。

たとえ衰弱して家族の名前すら呼ぶことができなかったとしても、また最期に苦しみの中でお念仏ができなかったとしても、この命の縁が尽きるそのひと呼吸の間に、自然に阿弥陀仏の本願力《ほんがんりき》によって必ず仏に成らせていただくというのが親鸞聖人の教えです。今、仏になることが決定している人を正定聚《しょうじょうじゅ》といいます。正《まさ》しく仏になることが定まった聚（ともがら）という意味の言葉です。

いつまでも、どのような状態でも、阿弥陀仏の摂取《せっしゅ》の光は、決して私を見捨てないのです。どこまでもこの身体《からだ》に、このひと呼吸ひと呼吸のところに、南無阿弥陀仏は寄り添ってくれるのです。

「死」は私を離れて何年か先にあるものではありません。現在ただ今のひと呼吸のうちに「死」は「生」と共に内在するのです。南無阿弥陀仏と共に「死を想うとき」、阿弥陀仏の本願は私たちのいのちを輝かせる。南無阿弥陀仏によって、本当に安心して死ぬことも生きることもできるのです。

なかじま　こう
1975年東京生まれ。大谷大学大学院修士課程修了。高齢者福祉施設の相談員（ソーシャルワーカー）を経て、九州大谷短期大学准教授。成年後見活動も行っている。社会福祉士、介護支援専門員。真宗大谷派京都教区浄泉寺衆徒。

法語

南無阿弥陀仏というところに、静かに死を見る、従って生を見る。南無阿弥陀仏があれば本当に死ぬことも生きることも出来る。

出典／曽我量深『親鸞との対話』（彌生書房、12頁）

13

「看取り」の場

臨終の看取りの場には、煩悩具足の凡夫が傍らに寄り添うのがふさわしい。

幸村　明（真宗大谷派僧侶）

被害者意識ではたすからない

今から40年ほど前のことです。お父さんが末期がんを患《わずら》っていた友人から、「父は今晩もたないかもしれない」という電話があり、彼の家まで自転車で駆けつけました。茶の間に、お父さんと昵懇《じっこん》であるMさんがすでに座っておられました。病室に呼ばれると、お父さんは、血を吐かれたのでしょう、歯に血糊がついていました。

そして、私の顔を見て、「後を頼むよ」と言われたのです。私は咄嗟《とっさ》に「そんなこと言わずにがんばって」と言いました。そのあと、お父さんがMさんにも同じことを言われると、Mさんは「わかったよ！　後はまかして！」と手を振って別れの合図をされたのです。

今にして思えば、「がんばって」と声をかけた私は、仏教を学んだつもりでいても、命終えていく方に向かって言うべき言葉を知らなかったのです。その点、Mさんは戦争体験者でしたから、「後はまかせて」とは、おそらく戦地で多くの戦友を見送った体験から発した言葉だったのでしょう。

＊

ターミナルケア（終末期の介護）について勉強したいという意向をもっていた私

に、「ぜひとも」と勧めてくださったのは、今は亡き真宗大谷派僧侶の平野修先生でした。そして、がんを患い余命わずかの状態で病床に臥《ふ》せっておられた先生が、「真宗のターミナルケアについてのテキストを考えていました」と、次のように教えてくださったことを忘れることができません。

「[*1]善導《ぜんどう》の二河譬喩《にがひゆ》がヒントになります。臨終には、悔み怒り、夢や欲望という火の河、水の河が繰り返し押し寄せてきます。人生の最後を被害者として終わろうとするのです。そこに阿弥陀仏が、「汝《なんじ》一心に正念《しょうねん》にして直ちに来《きた》れ、我よく汝を護《まも》らん。すべて水火の難に堕《だ》せんことを畏《おそ》れざれ」と呼びかけられます。親鸞聖人は『教行信証《きょうぎょうしんしょう》』化身土《けしんど》巻で「自ら流転輪回《るてんりんね》を度《はか》るに」と教えられます。そこに「自ら」が迷いの原点であることの自覚を促しているのです。欠落していた「自ら」を回復するところに真宗の意味があるのです」。

私たちは誰でも、六道《ろくどう》（地獄《じごく》・餓鬼《がき》・畜生《ちくしょう》・修羅《しゅら》・人《にん》・天《てん》）という迷いの世界を流転輪廻して生きています。本当は、その迷いの世界を超えて仏に成るために生まれてきたのです。しかし私たちは臨終にあっても、自分の人生が「こうであればよかった」と悔やんだり、「あいつさえいなければ」と誰かを恨んでみたり、そんなことばかり思い煩《わずら》いながら命終えるのかもしれません。そんなふうに、自分を被害者だと思っている限りはたすからないのです。親鸞聖人は、その私たちに、「流転輪廻させているのは自分自身ではないか」と教えてくださっているのです。

親鸞聖人は、『正像末和讃《しょうぞうまつわさん》』で次のように讃嘆《さんだん》しておられます。「無始流転《むしるてん》の苦をすてて　無上涅槃《ねはん》を期《ご》すること　如来《にょらい》二種の回向《えこう》の　恩徳《おんどく》まことに謝しがたし」。つまり、この世の始まりから迷いの世界を流転しつづけた衆生《しゅじょう》は、仏さまとの出遇《であ》いによって自らが煩悩具足《ぼんのうぐそく》の凡夫《ぼんぶ》であることに目覚め、そして念仏して命終わるとき、浄土へ往生《おうじょう》して仏に成ることができるのです。

凡夫として傍らに寄り添う

しかし、以上のようなことを、命終えていく方々に向けて説教せよと言っているのではありません。私たち「真宗ビハーラの会石川（現・ビハーラかなざわ）」では、「傍《かたわ》らに寄り添う」ということを活動の精神としています。何かをするというのではなく、そこに居るだけでその人が安心できるような存在になること。それが私たちのターミナルケアの基本的な姿勢です。

以前行った公開講演会において、石川県済生会金沢病院の緩和ケア病棟で医長を務めておられる龍澤泰彦氏より「緩和ケアの実際」という講題でお話をいただきました。その最後に、龍澤氏は次のように語られたのです。「緩和ケアを受ける患者には、全人的苦痛（トータルペイン）として4つの痛み（苦しみ）があります。それは、1．肉体的な痛み。2．精神的痛み。3．社会的な痛み。4．スピリチュアルな痛みです。そのスピリチュアルな痛みとは「答えのない問い」で、例えば「なぜ私がこのような病気になったのか」、「自分は一生懸命養生して生きてきたのに、どうして私が苦しい思いをしなくてはならないのか」、「私の人生はこれでよかったのか」などです。それに対して心がけるべきことは、《まず傍らにいること》、そして《何かよいことをアドバイスしようとするのではなく、静かにその人の苦しみを聴くこと》です」と。そして、大切なのは、相手を分析したり批判したりしないこと、自分の人生を語るのではなく相手に語ってもらうこと、自分の気持ちが安定していること、と教えてくださいました。

ですから、なすべきことは、その人の傍らに黙って寄り添うこと。それだけでその人は落ち着き安らうのです。臨終の看取りの場には、煩悩具足の凡夫が傍らに寄り添うのがふさわしいのです。

＊1　善導の二河譬喩…善導は唐代に活躍した中国浄土教の大成者（613～681）。二河譬喩は、善導の『観無量寿経疏』に説かれた譬喩で、人が浄土に往生する相を火の河と水の河にはさまれた細い道を歩むことに譬えている。

ゆきむら　あきら
1941年京都府生まれ。大谷専修学院卒業。「ビハーラかなざわ」副会長。真宗大谷派金沢教区幸圓寺住職。

法語

無始流転の苦をすてて
無上涅槃《ねはん》を期《ご》すること
如来二種の回向《えこう》の
恩徳《おんどく》まことに謝しがたし

出典／親鸞『正像末和讃』（『真宗聖典』504頁）

14

「命」は自分のものか

〝気づく〟ことは、きっと「生きよう」と思える社会を〝築く〟スタートラインになるにちがいありません。

難波教行（真宗大谷派教学研究所研究員）

「命は〝自分のもの〟ではない」と言う前に

死にたい――。困難な情況の中で、人はそう思わずにはいられなくなることがあります。悲しいことに、その思いは、思うだけにとどまらず、実際に死にいたらしめることさえあります。

２０１９年11月30日、神経難病のＡＬＳ（筋萎縮性側索硬化症）を患う京都在住の林優里《ゆり》さんが、自らの依頼のもと、医師二人による薬物投与によって亡くなりました。

かねてより「安楽死させてほしい」という趣旨の主張をしていた林さんは、二人の医師とSNSで知り合いました。薬物はこの医師によって投与されましたが、彼らは事件当日まで林さんと直接の面識がなく、治療には一切関わっていなかったと報道されています。この事実からだけでも、この事件は、まったくもって「安楽死」と呼べるものではありません。しかし本人が、自らの命を早く安楽に――本当に安楽かどうかは誰にもわからないけれども――終わらせてほしいと願っていたと言われることから、「〝死にたい〟と考える人の主張をみとめるべきだ」という意見がインターネット上に多く見られました。

「命は自分のものか」と問われるとき、仏教的な見識に基づこうとすれば、「いや、そうではない」と答えたくなるかもしれません。また死を望むことには「命を〝自分のもの〟だとするところに問題がある」といった指摘もありえるでしょう。たしかに命はさまざまな〝つながり〟のなかに成り立っていて、単独で存在しているわけではありません。しかし、「命は〝自分のもの〟ではない」と言うよりも前に問わなければならないのは、「死にたい」というところまで追い詰められるにいたった環境や周りの人々との〝つながり〟ではないでしょうか。命が〝つながり〟のなかに成り立っているのなら、「死にたい」と望むこともまた、〝つながり〟のなかから出てきた思いであるからです。

一見すると、「死にたい」と願ったのは、病によってほとんど動かない身体が原因のように思われます。しかし、〝つながり〟を考えるなら、死にたくなる原因を、病だけのせいにすることは、決してできないのです。

〝気づき〟から〝築き〟へ

環境や周りの人々との〝つながり〟と言っても、それは身近なケア体制との関係にとどまりません。自立生活を送っていた林さんの主治医は、「これ以上の支援態勢はどこを探してもないと思う。それほど24時間献身的にサポートしてきたことをわかってほしい」(『京都新聞』2020年8月19日)と述べており、支援体制に問題があったとは即断できません。林さんが死を求めた背景にどういった日常があったのかについては、これから検証が進んでいくことでしょう。

むしろ、いまここで問題としたいのは、社会に蔓延《まんえん》する、できること/できないことによって人の存在意義に優劣をつけて裁こうとする価値観と、それに縛られる人間のありかたです。各人のできることをし、役に立とうとする気持ちはとても大切です。しかし、こうした人間を二分していく価値観が、社会に広がれば広がるほど、難病や老化などにより社会的に役に立つことが難しくなった者は、「価値のない命」

とみなされてしまいます。そして、社会のなかでそのようにみなされた者は、「自分には生きる意味がない」と考えてしまいかねません。そこには、病そのものの痛みだけでない、別の痛みがのしかかっているのです。

このように、人間の尺度によって、これは善い、これは悪いといって価値判断するありかたについて、親鸞聖人は次のように述べています。

よしあしの文字《もんじ》をもしらぬひとはみな
まことのこころなりけるを
善悪《ぜんまく》の字しりがおは
おおそらごとのかたちなり

（『正像末和讃』、『真宗聖典』５１１頁）

親鸞聖人は、「善悪の字」をしっているようなかおをしている者を「おおそらごと」だと示しています。現代の感覚に置き換えるなら、「善悪の字しりがお」とは、役に立つか立たないか、強いか弱いか、といった価値基準に囚われていることだと言えるかもしれません。価値判断をすることで、人間はこれまでたしかに「できること」を拡張してきました。しかし、「善悪の字しりがお」は、人間の命を身勝手に価値判断するところまできているのです。親鸞聖人は、本願念仏の教えに遇《あ》うことをとおして、そのような痛ましい自己や他者のありさまを深く知らされたのです。

もちろん、ALSなどの神経難病は極めて重いもので、病を抱えた人は、日々のなかで「生きよう」という思いと、「死にたい」という思いが交錯することもあるでしょう。だからこそ、社会に生きる一人ひとりが、できる／できないという尺度によって善悪をきめていることで、知らず知らずのうちに「死にたい」という思いの増幅に加担していると気づくことが大切なのではないでしょうか。

〝気づく〟ことは、きっと「生きよう」と思える社会を〝築く〟スタートラインになるにちがいありません。

なんば　のりゆき

1983年大阪府生まれ。大谷大学大学院博士課程満期退学。神経難病ジストニアを患い、親鸞教学や障害問題に関心をよせる。真宗大谷派教学研究所研究員。博士（文学）。真宗大谷派擬講。大阪教区淨圓寺衆徒。著書に『たとえば、人は空を飛びたいと思う―難病ジストニア、奇跡の克服』（講談社）、共著に『人間といういのちの相I』、論文に「真影の図画と『教行信証』」（『大谷学報』94-1）、「「共に」を考える―相模原障害者施設殺傷事件を通して」（『教化研究』162）など。

法語

よしあしの文字《もんじ》をもしらぬひとはみな
まことのこころなりけるを
善悪《ぜんまく》の字しりがおは
おおそらごとのかたちなり

出典／親鸞『正像末和讃』（『真宗聖典』511頁）

15

「子育て」をするということ

子育てとは、子どもをとおして、「新しい世界に導かれる感覚」に出会うこと。

山田眞理子（九州大谷短期大学名誉教授）

赤子は無力だからこそ〝親を育てる〟

頭骨が大きすぎるために早産をせざるを得ない人類、そして哺乳動物であるために母親の乳が養育に不可欠である人類は、その段階では産み落とした母親は子どもの世話に手を取られ、食物を手に入れたり我が身を敵から守ったりすることができない。そのために人類は集団としてその赤子と母親を守るために、夫婦や家族という仕組みを作り出してきたという。そのように人類に課せられた「集団で子育てをする」という宿命を、今、再認識しなければならないのだろう。

＊

私は、長男が生まれる陣痛が始まった時、「何もかもが満たされて、自分で息すらしないで良い胎内から、この子は今自分の意志で生まれ出ようとしている。生まれ出た世界がどのようなものかも、自分が何をしなければならないかも分からないにもかかわらず、それを怖れるでもなく……」と、大いなる啓示を受けたように感じた。この子は「私のもの」ではない。この子の人生はこの子が自分の足で歩んでゆくものだ、と。そして多くの人の支えと承認によって、人生を切り開いてゆくのはこの子自身である、と。

しかし一方で、子どもの視点から見ると「自分をいつも見守ってくれる目」があることが、最もベースになるのである。頚《くび》も座らず、自らの口を乳の所まで持って行くことすらできない生まれたばかりの赤子にとって、とにかく自分を中心に対応してくれる存在が自分を守ってくれることを感じることは、この世に受けた自分の生命を受け入れるために必要不可欠なのであろう。

赤子は無力な姿だからこそ、親の保護を必要とすることをとおして〝親を育ててゆく〟といえる。そう考えると、障がいや病《やまい》を持った方々も含めて、できないこと、至らないことはだめなことではなく、周りに優しさと思いやりと、丁寧さを紡ぎ出すはからいなのだと感じる。

それはまさに、子どもをとおして我が身を御仏の姿に近づけてもらうこと、亡くなった親族が法事をとおして私たちを御仏と出会わせてくださるように、子どもはそのままで、御仏が私たちにくださっている光を、我が身をとおしてその子に注ぐことを求めてくれる存在である。

子どもは「今」を生きる権利をもっている

さらに成長してくると、親のできることは、子どもにとって「あなたを見守る目が必ずある」ということを、我が身をもって示すことであり、何ができるか、何ができないかではなく、その子のありようを守ることであり、その子のしたいことを支えることとなる。

子どもをとおして、親自身のあり方や価値観に光が当てられることになるような事例に、カウンセリングやプレイセラピー[*1]で出会うこともよくある。

子育てをするということは、子どもという存在をとおして、「新しい世界に導かれる感覚」に出会うことだと思う。子どもほど、全身全霊をかけて向かってきてくれる存在はないのかもしれない。しかし、「子育て」がいつからか親だけのものになり、その責任を重く感じるあまり、親が行き詰まってしまった結果が虐待であろうか。そう考えると、虐待はその親だけに子育てを押しつけて無視してきた社会、周囲の大人達による見守る目の欠落が背中を押してしまっていることもみえてくる。

＊

子どもは、子ども時代を「今」として充分に生きる権利をもっている。真宗大谷派僧侶の宮城《みやぎ》顗《しずか》先生は、「奪われし時」という講演で、「今を受け止めるというところに、過去ということが、今の深い内容として受け止められてくるわけです。（中略）過去を内容として現在を受け止め、その現在を受け止める重さの中から、自分の人生の方向が定まる。〈今を受け止めることなく将来を先取りしたような子育て・教育の中では〉そういう意味での未来というようなものは、持ちようがないといいましょうか、過去も現在も無化、無に化せられてしまうのです」と言っておられる（〈 〉内は引用者追記）。

子ども自身から親への関わりの全てが、否応《いやおう》なく親のあり方を問いかけてくるものとして受けとめられることで、親自身の視野が新たに拓《ひら》かれてゆく姿に出会う時、「子どもを縁に御仏に出会われてゆく親の姿」を見る思いになる。

＊1 プレイセラピー…遊びをとおして子どもの回復や成長をサポートする心理療法。

やまだ　まりこ

1951年群馬県生まれ。広島大学教育学部心理学科卒。京都大学大学院教育学研究科修士・博士課程修了。九州大谷短期大学幼児教育学科教授を経て、同短期大学名誉教授。特定非営利活動法人「子どもと保育研究所ぷろほ」所長。真宗大谷派九州教区願正寺衆徒。著書に『ことばが育つ保育支援（共著）』、『機微を見つめる～心の保育入門～』（エイデル研究所）、『いっしょに大きくなぁ～れ（共著）』（東本願寺出版）などがある。

法語

今を受け止めるというところに、
過去ということが、
今の深い内容として
受け止められてくるわけです。

出典／宮城顗「奪われし時」（『宮城顗選集』第6巻、法藏館、226頁）

16

「子どもの絵」ってなぜすごい？

子どもの絵から教えられること。

藤 兼量（認定こども園「大野幼稚園」園長）

絵は子どもの発言

子どもたちは毎日生活の中で様々な経験を通して、時には迷い、時には励まされ、時には笑い、時には泣きといったことを繰り返しながら、人間として育って行きます。様々な経験の中で不思議さを感じたり、嬉しさを感じたり、時には不条理なことに苛立《いらだ》ったりもします。子どもたちの様子をよく観察してみると、そこには一人ひとりの様々なこころの動きがあることに気付かされます。

子どもたちは自身のそんな心の動きを知ってほしくて、周りの友達や身近な大人に伝えたくなります。これは自身の存在に確信を持ちたい欲求の表れだと思われます。そして、心の動きを伝える手段の一つとして絵画があるのだと思います。語彙力の少ない幼少期に画面に向かって描くことで自身の心の動きを伝えようとしているのでしょう。

その子の中から沸き起こる心情やイメージを感じているままに表すことで、言葉では表すことができない表現が生まれてくるのです。言い換えれば絵は子どもの声なき発言といっても良いのではないでしょうか。

子どもの絵はウンコ

かつて私は『しんしゅうこどもかれんだー』（公益社団法人 大谷保育協会発行）の編集・制

作に携わったことがありました。その時に大変お世話になった先生が、日本画家の故・下村良《りょう》之《の》介《すけ》先生です。その頃の私は幼児の絵画についてほとんど知識もなく、幾度となく先生のご自宅にまでお邪魔して門外漢の質問をしておりました。子どもの描いた絵にトリミングという作業を加えてゆくことでカレンダーという別の媒体に作り変えることに違和感を感じながら、同じく制作に携わる仲間たちと研修会を開き、下村先生をはじめ様々な方とご縁をいただいて、「子どもの絵」について深夜まで議論をさせていただきました。その時に幾つかの印象深い言葉をいただきましたが、私自身が「子どもの絵」を受け止める原点になった先生の言葉があります。「子どもの絵はウンコみたいなもんや」「ちゃんと栄養と休養と運動がうまく取れれば自然と良いウンコが出るんや」「栄養が偏ったり睡眠が不十分な時は便秘になったり下痢したりするやろ」「それと同じや」。その子にとって適切な保育が提供されておれば自然と良い絵が生まれてくる。その子が不安な心の時には不安定で心細い絵が描かれ、伸び伸びした心の状態の時にはおおらかな絵が描かれてくる。保育の本質を言い当てられた言葉です。先生は大谷保育協会の掲げる「真宗保育（真実を中心にした保育）」の良き理解者であり、その行く末を案じておられたのでしょう。

描きたくなる気持ちに火をつける

もう一つ大切にしている言葉があります。それはカレンダーにする絵の選定作業の時の言葉です。「選び取るのも大変やが、選び捨てるのも大変やな」「大人の変な思いが加えられた絵の中にも、その子の描きたい！があるしな」。「その子の描きたい！」というのは主体的に生きようとする意欲が感じられる部分があるということだと思います。先生の一人ひとりの子どもの存在を尊重する言葉であり、幼児に対する絵画指導の難しさを言い当てられた言葉だと思います。またある時の研修会では、「子どもに絵を描かせるんじゃない」「描きたくなる気持ちに火をつけるのが保育者の仕事や」「火さえつけば勝手に描きよる」「一旦火がついたらその場におらんほうが良い」。これは私たち保育者にとって大変厳しい指摘だと思います。保育者は子どもたちに「良い絵」を描いてもらいたい思いの余り、つい自分の感想を自然と口に出してしまいます。そのことが時に子どもの主体性を阻害し、描きたい意欲を失わせてしまうかもしれません。特に最も言ってはいけない言葉は、「ねえ、これは何を描いたの?」です。絵は子どもの発言ですから「何を描いたの?」は発言を否定することになります。「うーんできたね」「すごいねー」、それ以上の言葉は必要無いのだと思います。

自分を生きる

子どもの主体性は大人が与えられるものではありません。自身が様々な経験を通して獲得して行くものです。私たちが子どもの絵に魅力を感じるのは彼らが命がけで主体性を獲得して行く営みがストレートに現れ出ているからに他なりません。人間は誰もが「自身の存在に確信を持ちたい」という本能的な欲求を抱えて生まれ出てきます。その欲求が一人ひとりの主体性を獲得して行く源になって働いているのだと思います。子どもが持つ本能的欲求が絵を通して現れ出て、見る者の本能的欲求に触れ、共鳴するのでしょう。「身自當之《しんじとうし》、無有代者《むうだいしゃ》」という言葉が『仏説無量《ぶっせつむりょう》寿経《じゅきょう》』に説かれてありますが、私たちは皆、誰も代わることのできない自身を主体的に生きることを課題として生まれ出て来たのだと思います。

ふじ　けんりょう

1954年福井県生まれ。大谷大学文学部真宗学科卒業。真宗大谷派福井教区最勝寺住職。認定こども園「大野幼稚園」園長。

法語

身自當之《しんじとうし》、無有代者《むうだいしゃ》

（身《み》、自《みずか》らこれを当《う》くるに、有《たれ》も代《か》わる者なし）

出典／『仏説無量寿経』（『真宗聖典』60頁）

17
「住まい」からの展望

現代の閉鎖的な生活の在り方に仏教は根源的な反省を促している。

井上尚実（大谷大学教授）

定住を捨てることから始まる仏教

仏教は、基本的に「出家《しゅっけ》」、つまり住まいを捨てることから始まりました。釈尊は、シャカ族の王子として城の中で何ひとつ不自由なく暮らしていましたが、あるとき城壁の外に出て人間には老・病・死の苦しみがあることを知り（四門出遊《しもんしゅつゆう》）、出家を決意します。出家とは、それまで閉ざされた空間の中で所有していた財産や身分、家族といった社会・経済関係を放棄し、その外に出ることです。その意味では、仏教は出発点において「住まい」を否定していると言えます。

初期のサンガにおいて、出家修行者（沙門《しゃもん》、比丘《びく》）は、家を持たず、ニグローダ（ベンガル菩提樹《ぼだいじゅ》）など大きな樹の下や洞窟《どうくつ》などを住処《すみか》とし、一か所に定住しない遊行《ゆぎょう》生活を送ったと言われています。その多くは都市近郊の森に住み、托鉢《たくはつ》によって生活の糧《かて》を得ます。最後に法語としてあげている『長阿含経《じょうあごんきょう》』からの引用は、そうした生活のありさまを物語っています。布施《ふせ》された食物や衣類は平等に分配し、貯め込むことはしません。移動生活は必然的に所有を制限するため、苦の原因となる執着を断つことにつながるわけです。

ただし、インドには雨季があるため、移動が困難になるその時期には一か所に集まり、思索と学びの日々を過ごしました。やがて、その「雨安居《うあんご》」のための施設が長者や王などからサンガに寄進され、そこから僧坊《そうぼう》や仏塔などの伽藍《がらん》建築が盛んになり、建物や定住生活についての規則も細かくなっていきます。そしてお金や土地の蓄積が始まると、平等であったはずのサンガの中に、伽藍の営繕や金銭の管理を専らにする人など専門の職分ができ、僧侶の階層分化と堕落が進んでいきます。さらに、聖／俗、浄／不浄、貴／賤などの差別的思考が戒律の中にも顕著になっていきます。

大伽藍の仏教は、寄進者である王侯《おうこう》貴族の民衆支配を肯定し、補完するような国家宗教へと変質していきます。教えもまた[*1]阿毘達磨《アビダルマ》の教学のように精緻《せいち》な体系を誇るようになり、「僧院の仏教」と呼ばれるような象牙の塔の学問になっていきます。大乗《だいじょう》仏教は、そうした閉鎖的な「僧院の仏教」への批判として始まったのです。国家の宗教となった部派仏教に批判的な僧たちは、僧院を出て森の修行者に戻るか、街の世俗の生活の中へ帰って行きました。この大乗仏教運動は、定住を捨てて遊行生活を続けた釈尊の初期仏教教団への原点回帰と言えるでしょう。インドに始まったそうした動きは、後に日本でも「遁世《とんせい》僧」や[*2]「聖《ひじり》」の伝統となって引き継がれていくのです。

現代の住生活が生み出す苦悩

鎌倉時代に生きた法然《ほうねん》や親鸞も、奈良の興福寺などに代表される南都北嶺《なんとほくれい》の国家仏教に疑問を抱き、延暦寺《えんりゃくじ》を出て山をおりました。そして生涯、大きな寺を建てることはせず、法然の吉水草庵《よしみずそうあん》、親鸞の稲田草庵に見られるような簡素な庵《いおり》に住んで民衆に念仏の教えを広めました。例えば、『本願寺聖人伝絵《しょうにんでんね》』に描かれた稲田草庵の絵を見ても、誰でも気軽に出入りできる開放的な空間であったことがわかります。

また、覚如《かくにょ》が著した『改邪鈔《がいじゃしょう》』によれば、親鸞は日ごろから「われはこれ賀古《かこ》の教信沙弥《きょうしんしゃみ》の定《じょう》なり」と口にしていたそうです。平安時代、興福寺の学僧の地位を捨て、播磨国《はりまのくに》賀古（現在の兵庫県加古川市）に質素な竹の庵を結んで妻帯生活を営みながら念仏を称《とな》えつづけたと伝えられる教信沙弥が、自分の生き方のモデルだというのです。すべてのものは本来「無常」であり、その中で永続性を志向する人間の執着《しゅうじゃく》が苦を生むという仏教の根本的な認識からすれば、究極的には教信沙弥や『方丈記』の鴨長明《かものちょうめい》のようにいつでも畳んで移動できるような仮住まいを志向するのは当然のことと言えるでしょう。

それを思えば、現代の私たちの住生活は、お金をかけてコンクリートで基礎を固めた住宅に住むことが当たり前になり、そのことがローンの負債や遺産争いなどの苦しみを生みだしています。また、核家族化が進み、家の中からお年寄りを排除して営まれる閉鎖的な生活は、釈尊が出家以前に住んでいた城のように、老・病・死を排除した不自然な空間を想起させないでしょうか。

もちろん、現代の私たちが古代インドの修行者のように住まいを捨てて無所有の生活を送ることは難しいでしょう。しかし仏教の教えの根本は、ともすれば利便性や快適さを求めて閉鎖的な空間に閉じこもりがちな現代人の生活の在り方に、根源的な反省を促しているのではないかと思われてならないのです。(談)

＊1 阿毘達磨…釈尊が悟った真理(ダルマ)に対する弟子たちの理解をまとめた論書。大乗仏教以前の部派仏教時代に盛んにつくられた。
＊2 遁世僧・聖…中世日本において、空也《くうや》や一遍《いっぺん》のように寺を出て官僧の地位を捨て、私度僧となって求道生活を続けた者を「遁世僧」または「聖」と呼んだ。

いのうえ たかみ

1959年長野市生まれ。京都大学文学部卒業。大谷大学大学院修士課程、カリフォルニア大学サンタバーバラ校大学院博士課程修了し、Ph.D. の学位を取得。大谷大学教授。専門分野は真宗学、仏教学、宗教学。著書に『はじめて読む正信偈』（東本願寺出版）、共著に『揺れ動く死と生』（晃洋書房）などがある。

法語

靜處《じょうしょ》、樹下《じゅげ》塚間《ちゅうげん》に在《あ》るを楽しむ。
若しくは山窟《さんくつ》に在り、
あるいは露地《ろじ》および糞聚《ふんじゅ》の間に在る。
時《とき》至《いた》り乞食《こつじき》し、還《かえ》りて手足を洗う。
衣鉢《いはつ》を安置し、結跏趺坐《けっかふざ》す。

出典／『長阿含経』（『大正大蔵経』第1巻、85頁）

18

「家族」のゆくえ

親鸞聖人の時代から家族の絆を大切にしていた浄土真宗。

今井雅晴（筑波大学名誉教授）

「報謝」にもとづいた家族生活

親鸞聖人の生涯を通して「家族」ということを考えたとき、二つのことが思われます。

一つ目は、親鸞聖人がどのような家族生活をしていたかということです。聖人は42歳から常陸《ひたち》の国（現在の茨城県）へ赴き、約18年間生活されました。関東に来られた目的については、『教行信証《きょうぎょうしんしょう》』を執筆するためなど、いくつかの説がありますが、やはり布教《ふきょう》ということが大きかっただろうと思います。

そのときに、同じ鎌倉時代の日蓮上人《にちれんしょうにん》や道元禅師《どうげんぜんじ》とは違い、親鸞聖人は妻の恵信《えしん》尼《に》や子どもたち、つまり「家族」と一緒に布教されたというところに大きな特色があります。いくら立派な教えを説いたとしても、その人がどういう生活をしているか、どういう人格であるかによって説得力はずいぶん違うことでしょう。関東は親鸞聖人が布教をされたところですが、そこでの聖人の生活は、阿弥陀仏への信心を教えてくださった法然上人《ほうねんしょうにん》に対する「信頼」、そして「報謝《ほうしゃ》」にもとづく生活であったと思われます。当時の「報謝」というのは、恩を受けたら必ず返さないといけないという、現代よりも強い意味がありますが、そのような「報謝」にもとづく穏やかで好ましい生活を家族でされていたので、多くの関東の人たちが親鸞聖人の方に顔を向けてお話を聞きに行った。そのうえで、念仏にもとづく生活が広まっていったのだろうと思います。

そもそも浄土真宗は、他の仏教の宗派とは異なり、はじめから「家族」を大切にしていました。「在家仏教」という言葉は一般的には「出家《しゅっけ》をしなくても仏教の修行ができる」というようにとらえられています。しかし、私はそうではなく、家族があるからこそ教えが伝えられていくということが「在家仏教」の本来の意味であると、親鸞聖人の姿や浄土真宗のあり方を通して思います。

現代の若い人を見ていると、携帯電話やパソコンで頻繁に情報をやりとりしているにもかかわらず、お互いの間の信頼関係を結ぶことができていない。そのために、新しい考え方を創造する力もついていかないように思います。

このような点から見ても、親鸞聖人が関東で念仏の教えを広め、多くの門徒を生み出していった背景に、家族の信頼と「報謝」にもとづく生活があったということは、とても重要ではないでしょうか。浄土真宗の各寺院などで毎年勤められる「報恩講」

はまさしく「報謝」の生活のあらわれですが、「報謝」は家族のなかでも大切だということを思います。

親鸞聖人の家族観

二つ目は、親鸞聖人が家族のことをどのように思われていたかということです。これは、具体的に書かれたものがないので、なかなか難しいのですが、近年気になっているのが『高僧《こうそう》和讃《わさん》』の中にある次の和讃です。「恩愛はなはだたちがたく　生《しょう》死《じ》はなはだつきがたし　念仏三昧《ざんまい》行《ぎょう》じてぞ　罪障《ざいしょう》を滅《めつ》し度脱《どだつ》せし」。親鸞聖人は9歳のときに出家をして家族と離れます。仏教では出家すれば家族への執着を捨てなさいと言われますが、両親や弟たちが恋しくて、それを断ち切ることができなかったのでしょう。聖人が『高僧和讃』を作られたのは76歳ですが、幼いころからの実体験のつらさから「恩愛はなはだたちがたく」と詠われたのではないでしょうか。

しかし、やがてその苦しみを念仏によって乗り越えられたのでしょう。

『歎異抄』の第5条には、「親鸞は父母《ぶも》の孝養《きょうよう》のためとて、一返《いっぺん》にても念仏もうしたること、いまだそうらわず」とあります。自分は父母の供養《くよう》のために念仏をとなえたことは一回もない。なぜなら「一切《いっさい》の有情《うじょう》は、みなもって世々《せせ》生々《しょうじょう》の父母《ぶも》兄弟なり」。つまり、現在の父母だけでなく、すべての生きとし生けるものがつながり合う存在なので、すべての存在に阿弥陀仏の力によって浄土へ往生《おうじょう》してほしいというのです。このような親鸞聖人の家族観は、ご自身の実体験を踏まえて表されていると私は考えています。

また、恵信尼は33歳のときに、親鸞聖人が観音菩薩の生まれ変わりという夢を見たことを後に手紙に記しています。夫婦として生活する限り、夫に全く不満がない妻はいないでしょう。ところが結婚して10年も経った後に、相手のことを観音菩薩《かんのんぼさつ》の生まれ変わりとして見られるわけです。このことは、恵信尼と親鸞聖人との絆がとても強かったということ、そして聖人がどういう信心をもっておられたかを恵信尼が思い続けていたことが表れていると思います。

浄土真宗は親鸞聖人の時代から、報謝と信心にもとづく生活の中で「家族」を大切にしていました。「絆」の大切さが叫ばれる現代、「家族」や「女性」という視点から、親鸞聖人という人物を改めて見直してみる必要があるように思います。（談）

いまい　まさはる

1942年東京都生まれ。東京教育大学大学院博士課程修了。茨城大学教授、プリンストン大学・コロンビア大学客員教授等を経て、筑波大学名誉教授。専攻は日本仏教史。文学博士。著書に『わが心の歎異抄』（東本願寺出版）、『親鸞と東国門徒』『親鸞と浄土真宗』（吉川弘文館）、『親鸞とその家族』『親鸞と恵信尼』『親鸞と如信』『歴史を知り、親鸞を知る1～5』（自照社出版）、『親鸞の家族と門弟』『現代語訳　恵信尼からの手紙』（法藏館）などがある。

法語

親鸞《しんらん》は父母《ぶも》の孝養《きょうよう》のためとて、一返《いっぺん》にても念仏もうしたること、いまだそうらわず。そのゆえは、一切《いっさい》の有情《うじょう》は、みなもって世々《せせ》生々《しょうじょう》の父母《ぶも》兄弟なり。いずれもいずれも、この順次生《じゅんししょう》に仏《ぶつ》になりて、たすけそうろうべきなり。

出典／『歎異抄』第5条（『真宗聖典』628頁）

19

「居場所」を考える

「場」は出遇いを生み、出遇いは私を破るはたらきがある。

能邨勇樹（真宗大谷派僧侶）

居場所を求めて

近年の社会状況を垣間見ると、一見繁栄を享受《きょうじゅ》しモノに囲まれていますが、同時に人々はバラバラになり孤独を深めているように見えます。孤独とは単なる一人ではなく、大勢でいるにもかかわらず「ひとり」と感じる感覚です。せめて愚痴《ぐち》でもいいから言える場所があれば、こんなことにならなかったのではないかと、子どもに関する痛ましい事件を見ると特に思われてきます。そういう意味で「コミュニティ」とか「居場所」は大事であると思っています。

かくいう私自身も「居場所」を求めていました。現在の場所・お寺にご縁を頂いて20数年になりますが、来た当初は友だちもいなくて、寂しい思いをしていました。たまたま近くの喫茶店のマスターと出遇《であ》い、意気投合し喫茶店という場所で「御講《おこう》の談合《だんごう》」のような深く語り合える場所を創ろうということになったのです。今思うと私の場合、居場所がなかったことが「場」を考える機会になったと思います。もし居場所があれば自分の世界に浸っていて、いろんな人たちとの出遇いも、自分を見つめることもなかったでしょう。

語り合った喫茶店

喫茶店で行われた会は結果的に3つになり10数年続きました。会はおばあちゃん方の会と20代30代の会と50代60代の会と世代ごとに分かれました。おばあちゃん方の会にたまに参加していた喫茶店の娘が、語り合う姿に感動して、自分の世代も悩みがあるので話したいと言って人を集め始めたのです。それが20代30代の会の始まりです。この会は最初仏教の話を聞いてから心に思っていることとか、日頃言わないこと言えないこととかを話し合っていました。

ある時、「ワタシ愚痴が多いんです」という告白をしてくれた女性がいました。その方は人に対して優しく心遣いもできて、きめ細やかな人なのです。ところが本人が言うには「その分愚痴が多い」というのです。それは「してあげたのに、してくれないと心がざわつく」というのです。「どうしても期待をしてしまう自分がある」と私たちに話してくれたのです。特にこの話題は女性陣から共感があり、応答してくれないと「この人は私の気持ちをわかってくれない人」「この人は私と合わない人」と距離を持ってしまうのだそうです。かたや「自分の思い通りになる人は一人もいないよね」「このままいくと一人ぼっちになるね」などと指摘する人もいて、大いに盛り上がりました。

自己とは何ぞや

確かに自分の思い通りになる人は一人もいませんし、自分の意にかなう人もいません。その意味で、たとえ極楽にいても満たされず文句を言うのが人間存在だと仏教は指摘します。どんなに恵まれた場所や人がいても愚痴が出てくるのです。それは私たち人間がどこまでも思い通りにしたいという執着をもっているからなのですが、問題はこの私を問わずに理想の場所を求めても、いつか必ず不足不満を口にしてしまうということなのです。この私を問うことを通して初めてそれぞれの置かれた場所から一歩踏み出せるのです。

私も以前うまくいかないこと、思い通りにならないことをすべて周りや状況のせいにしていました。不満も多く愚痴も多く沢山の方にご迷惑をおかけしていました。しかしご本山やお寺での聴聞《ちょうもん》の場を通して、先生や先輩友人に遇い、場合によっては夜通し語り合って、ようやく視線が私に向くようになったのです。清沢満之《きよざわまんし》先生は「自己とは何ぞや。是れ人生の根本的問題なり」と述べられていますが、「場」を通して自分を問うことが根本的だと教えられたのです。

「場」をひらく

「場」では多くの人と出遇います。出遇いは私を破るはたらきがあります。自分の考えや思いをそれでいいのかと揺さぶってきます。親鸞聖人も暗闇の中で模索していた時に、法然上人《ほうねんしょうにん》に出遇われました。「本師源空《ほんじげんくう》いまさずは　このたびむなしくすぎなまし（もし法然上人に遇わなかったら　人生を空しく過ごしていたであろう）」と詠っておられますが、その内容を吉水《よしみず》という場所で老若男女身分を超えて語り合ったのです。そして「雑行《ぞうぎょう》を棄《す》てて本願《ほんがん》に帰《き》す」と回心《えしん》まで深められたのです。その後、聖人は流罪《るざい》など困難なことに出会いながらも、間違いなく置かれた場所で歩んでいかれたのです。

　ますます閉塞感漂う時代状況ではありますが、だからこそそれぞれの人がご縁の所で「場」をひらくことが求められているのではないでしょうか。

のむら　ゆうき
1963年三重県生まれ。大谷大学大学院修士課程真宗学専攻修了。東本願寺同朋会館常勤補導を経て、真宗大谷派小松教区勝光寺住職。

法語

自己とは何ぞや。
是れ人生の根本的問題なり。

出典／清沢満之『臘扇記』（『清沢満之全集』第7巻、法藏館、380頁）

20

「植物」に学ぶ

四季折々の草木の変化に「さとり」を見出す日本仏教の感性。

福田　琢
（同朋大学教授）

花御堂と沙羅双樹

4月8日は「花まつり」といって、釈尊《しゃくそん》（お釈迦《しゃか》さま）の誕生を祝う日です。草花を編んで作った花御堂《はなみどう》に赤ん坊の仏像を安置し、甘茶をかけてお参りします。甘茶をかける風習は、釈尊が誕生した時、天から神々が（あるいは龍が）舞い降りて香水を注ぎ、その身体を洗浴した、という仏典の記述に由来しています。けれども花御堂は、必ずしも純粋に仏教の伝統とは言い切れないようです。

　民俗学者の柳田國男《やなぎだくにお》によれば、日本では仏教伝来以前から、4月8日は春の山開きの日でした。人々は山に入ってツツジやシャクナゲなどの花を摘み、天道花《てんとうばな》や高《たか》花《ばな》と称して竹竿の先に結わえました。一方、仏教の故郷である古代インド世界にも、神仏に散華《さんげ》したり、お香を供えたりする風習がありました。今もインドでは、あちこちで街角の祠《ほこら》に祀《まつ》られたヒンドゥーの神々に原色の花びらが撒かれ、神像の首に花環がかけられています。

　つまり、仏像を花で飾り供養する伝統がすでにインドにあり、それが中国を経て日本へと伝えられた時、たまたま4月8日という日付が一致したせいで、我が国古来の春の花摘みの習俗とも結びつき、花御堂を編む習慣となった、ということのようです（福田琢「花祭りをめぐって」『閲蔵』11号）。

　さて、日本では花まつりと涅槃会《ねはんえ》（釈尊の命日の法要、2月15日）がそれぞれ別の日に営まれますが、仏教では元来、釈尊の誕生日と命日は同月同日と伝えられています。ですから東南アジアやネパール、チベットなど多くの仏教世界では、誕生のお祝いがそのまま涅槃会でもあります。

釈尊がクシナガラの地、2本のサーラの樹（沙羅双樹《さらそうじゅ》）の木陰で息を引きとろうとした時、樹の枝々に季節外れの花が咲き乱れ、舞い散って偉大な人の死を惜しんだ、と言います。亜熱帯のインド・ネパールと比べて四季折々の変化に敏感な日本人は、その日を花祭りと区別して、まだ木々が花を咲かすには早い2月中旬としました。私たちにとって釈尊は、明るい春に花に囲まれて誕生し、冬の終わりに「沙羅双樹の花の色」（平家物語）を見ながら生涯を終えた方となりました。

飛華落葉を観じてさとるもの

ところで日本仏教には、「草木国土悉皆成仏《そうもくこくどしっかいじょうぶつ》」（草木も国土も、みなことごとく仏に成る）という言葉があります。しかしこのように植物にも生命を認める発想が、インドまでさかのぼれるかどうかは定かではありません。少なくとも釈尊自身は「草木も成仏する」とは明言していません。

ただ、仏教と同時期にインドにおこったジャイナ教という宗教では、「植物には一根の生命がある」と言います。これに影響を受けてか、仏教の戒律にも「僧侶はむやみに草木を伐採して、一根の生命を害してはいけない」という項目があります。「一根」とは「目や耳などはないが触覚だけはある」という意味のようですが、ともかく古代インド世界では、植物に何かしらの生命力が宿っているという認識が、ある程度共有されていたようにも見えます（清水洋平「原始仏教の植物観」『大谷学報』85号）。

実際、春に芽吹いて花開き、秋には実り、やがて枯れ果てて散って行く草木は、あらゆる生命がたどる生《しょう》・老《ろう》・病《びょう》・死《し》の様相をありありと示しています。その意味で、植物こそ生命現象の縮図である、とも言えるでしょう。ただ私たちと違って草木は、衰え死にゆくことへの不安や迷いを見せません。時が来ればもの言わずただ静かに散り、腐葉土となって次の生命をはぐくみます。これこそが理想の「涅槃」の境地なのではないか。動ずることなく諸行無常《しょぎょうむじょう》を従容《しょうよう》と受け入れる草木のあり方こそ、仏のいないこの世界で、私たちに「さとり」を示すお手本なのではないでしょうか。

そのように自然界に仏のさとりを見ることを、日本の仏教者は好みました。仏に頼らず独力でさとりを開く行者のことを「独覚《どっかく》」、あるいは「辟支仏《びゃくしぶつ》」とか「支仏《しぶつ》」などと呼びますが、中国の文献はそれを「無仏の世に出でて、華飛葉落《けひようらく》を観じて頓《とん》悟《ご》せる支仏」（仏のいない世界で、散る花や落葉を見て、ただちにさとりを開く人）と定義しました。我が国ではここから「飛華落葉《ひけらくよう》を観じてさとるもの」という表現が生まれ、仏教者のみならず、謡曲《ようきょく》や華道や茶道を語る文献にも引用されました（「独覚―飛華落葉を観じてさとるもの」／加治洋一編註『白土わか講義集　日本の仏教と文学』大蔵出版）。

季節とともに移ろう草花に、森羅万象《しんらばんしょう》を貫く「法」（真理）を映し見る。日本における仏教受容のあり方をあざやかに印象づける言葉です。

ふくだ　たくみ

1963年埼玉県生まれ。大谷大学大学院博士課程満期退学。同朋大学教授。専門は仏教学。訳書にショバ・ラニ・ダシュ『マハーパジャーパティー　最初の比丘尼』（法藏館）、共著に『倶舎―絶ゆることなき法の流れ』（自照社出版）など。

法語

無仏の世に出でて、
華《け》飛《ひ》葉《よう》落《らく》を観じて頓《とん》悟《ご》せる支仏

出典／『天台八教大意』（『大正新修大蔵経』第46巻、796頁）

21

「食」が命をはぐくむ

いのちをいただき、
その願いを身に受けて、
今・ここ・この身を生きている。

三池眞弓（真宗大谷派僧侶）

人生の最後に食べたいもの

幼い頃から何事にも無頓着で、大雑把《おおざっぱ》だった私は、食べることにも特にこだわりなく、出されたものを何でも平らげる元気な子どもでした。作ってくれた人の思いも、その食べものが私の元に届いてくれることが奇跡的であることも慮《おもんぱか》るような余裕もなく、ただひたすらに空腹を満たす私を父はよく「もういい加減に食べることをやめなさい」と制したものでした。そのたびに、しぶしぶお箸を置いてふてくされていましたが、小さな体で食いしんぼうな娘の将来を案じての父の言葉であったのだと今は思うことができるようになりました。

そんな生活の中で、たまに体調を崩した時には必ずうすい塩味のお粥《かゆ》を作ってもらっていました。おてんばだった私も食事にお粥が出されると少し神妙になって、回復するまでおとなしくしていたものでした。

特段に〝おいしい〟とも〝おいしくない〟とも思うこともなく、ただ療養食として受け入れていたお粥でしたが、学生の時に「人生の最後に食べたいものは何？」と聞かれて、しばらく考えてから「お粥」と答えたことがありました。他にも好きな食べものは沢山あるのに、どうして「お粥」と答えたのか、私自身も不思議でした。

子どもながら、いつしかお粥をとおして、病気の私のことを心配して作ってくれている母の思いを受け取り、それが私の身体の記憶の中に深く入り込んでいたのでしょうか。

「食」には文化があり、背景があり、願いがある。その事を子どもたちの方が敏感に感じとっているのではないでしょうか。

そういえば、3人の息子を育てている頃、忙しい日が続いて食事の用意ができない事がありました。それで、その日は買ってきたお弁当で夕食を済ませることにしたのですが、お弁当を並べて「さぁ！　いただきましょ」と言ったとたんに、息子がシクシク泣き出したのです。息子たちの好物の詰まった、私の手料理よりもよっぽどおいしそうなお弁当なのに、息子にとってはそんな事よりも、母親からの愛情を受け取る大切な機会がなくなった淋しさの方が強かったのかもしれません。何とも切ない出来事でした。

祖母や母がしてくれたような丁寧な食事の仕度《したく》は、とても私にはできないけれども、「食」は身体だけでなく、心も育てることを子どもたちをとおして教えられたのでした。

「食」と「餌」はどう違う？

私は今、10年ほど前にやってきた犬と猫と一緒に暮らしています。犬も猫も家族同様に生活していますが、犬や猫の食べる物は「餌《えさ》」というのだと教えられてきました。では「食」と「餌」はどこが違うのでしょうか。「餌」を辞書で引くと、〝鳥・獣・虫などの生きものを育てたり、捕らえたりするための食物〟とありました。「餌」というひびきからは、何かしら与える側の利益や都合が見え隠れするように思います。与える側の損得を超えて、相手を慈《いつく》しむ思いや願いが感じられません。しかし、そう思った時に、私が作るものは「食」なのか「餌」なのか。私は食べているものを「食」にしているのか「餌」にしているのか考えさせられます。

何年か前にこんな言葉に出遇《であ》ったことがあります。

今日カニを食べた
カニの一生を食べたんだなぁ

「おいしいか、おいしくないか」、「新鮮か、新鮮でないか」、そんな事ばかりが気になって、食事を仏事からほど遠いものにしてしまっている私の姿を映し出してくれる言葉でした。

野菜にせよ、魚にせよ、肉にせよ、願い、願われて生まれ育ってきたに違いない、そのいのちをいただき、その願いを身に受けて、今・ここ・この身を生きている。その事実に向き合ったとき、「食」に対して厳粛《げんしゅく》に、また謙虚にならざるを得ません。

親鸞聖人がお書きになった『愚禿鈔《ぐとくしょう》』という著作に、「たとえば魚母《ぎょも》のもし子を念《おも》わざれば、子すなわち壊爛《えらん》する等のごとし」（母魚が子魚のことを心配しなかったら、子魚がだめになってしまうように）という文章が引用されています。仏さまが私たち衆生《しゅじょう》を憐《あわ》れみ、心にかけてくださることを、母魚が子魚を思う心に喩《たと》えておられるのでしょう。生きとし生けるものに対する深くやさしい眼差し。そして、「食」を前にして、そっと手を合わせる、その習慣にまでなった仏さまの心を、私は子や孫に手渡しているのか、私の生きる姿勢が問われているのです。

みいけ　まゆみ
1961年生まれ。真宗大谷派九州教区明正寺坊守。真宗大谷派坊守会連盟常任委員。九州教区坊守会長。

法語

たとえば魚母《ぎょも》のもし子を念《おも》わざれば、
子すなわち壊爛《えらん》する等のごとし

出典／『愚禿鈔』（『真宗聖典』434頁）

22

「コミュニケーション」の悩み

つながりが失われ、苦しむ時、どのようにして生きる力をとり戻すか。

宮森忠利（小松大谷高等学校非常勤講師）

つながりの中で人は生きる

最近読んだ本（松本梶丸『生命の見える時――一期一会』中日新聞本社）に次のような小学1年生の詩があった。

お父さんとお母さんが　けんかした

最初、お母さんがあやまった
お父さんもあやまった
いい親たちでよかった
そういったら　お母さんが泣きだした

ここには、つながりの温かさの中で育つ子の姿がある。

幼い頃から、悲しみや喜びを分かち合い、コミュニケーションが育っていく。それは家族のなかから、友だちへと広がっていく。

私は長年、高校生と関わってきたが、生徒は、友だちとのつながりの喜びを語る。それが「生きがいだ」という生徒も多い。しかし、時には、そのつながりが失われ、苦しむ。その時、どのようにして生きる力をとり戻していくのだろうか。

人々のいのちへ響く言葉

「孤立感」から立ち上がり、今を生き抜いている方がある。

岩崎航《わたる》さん（1976〜）は「五行歌《ごぎょうか》」をつくる詩人だ。3歳で筋《きん》ジストロフィーを発症し、中学3年で立ち上がれなくなった。17歳の時、命を断とうとした。「孤立感があったと思うんです。他の同級生の友達とかと比べてしまう。社会から取り残されたという感じ…。人と関わるのが怖くなっていく。このままの自分で生きても将来がない」と。（ETV特集「生き抜くという旗印〜詩人岩崎航の日々〜」NHK Eテレ）

でも、「次の瞬間、『最後に、もう一度。死にものぐるいで生きてみよう』という激しい思いが沸き上がってきた」（岩崎航『日付の大きいカレンダー』ナナロク社）という。

その岩崎さんを支えていったのは、「岩崎航」の筆名のもととなった『夜間飛行』（サン＝テグジュペリ）など、本や絵画、いのちに響いてくるものとの出会いであり、とりわけ親の温かさであった。

21歳から4年間、吐き気がとまらなくなった。「母は僕の背中をどこまでもさすり続けてくれた」。その地獄のまっただ中で、パチンと心が開けた。「理屈ではなく、何か大きな感情が、僕の中からこみあげてきた」。

「なにも言わずに　さすってくれた　祈りをこめてさすってくれた　決して　忘れない」「くるしみの涙が　感謝の涙に　再起の力にかわっていった　あなたが　いるから」

（岩崎航『点滴ポール〜生き抜くという旗印』ナナロク社）

岩崎さんは今、47歳。五行歌を作り続けている。

「泥の中から　蓮は花咲く　そして　宿業《しゅくごう》の中から　僕は花咲く」

いのちの底に響いたことを紡ぎ出す言葉は、多くの方々のいのちへと響き、生きる力を与えている。

私が担当する「宗教」の授業の時間に岩崎さんのことを学んだ。それは多くの生徒の心に届いた。

生徒のひとり（Aさん）は、「私も死のうと思ったことがありました。でもそこで支えになってくれたのが、岩崎さんと同じように母でした」。「今、人間関係と将来のことですごく悩んでいて、突然涙があふれることがあります」。でも、ビデオで見た、岩崎さんの「とにかく生きてほしい」という言葉で、「私のなかの何かが変わりました。岩崎さんのお陰で『生きてやろう』という強い炎のような思いが私の支えになってくれました。岩崎さんと出会えたことは、私の新たなスタートラインになれそうです」と記している。Aさんは、生きる力をとり戻し、悩みつつ歩んでいる。

苦しみを縁として教えに学ぶ

多くの方に慕われ、共に学んでいかれたK先生の人生の転機になったというお話が思い起こされる。

K先生は、若い頃、こころの病のために苦しんでいた。病院では、苦しいという意識を消そうとするだけであった。

その時、一人の仏教を学ぶ医師に出遇《であ》った。

「あなたはいい経験をしておられますね。あなたがあなただと思っている底にもう一つのあなたがいます。そのあなたに語りかけるものがあります」。

目が覚める思いがしたという。苦しみを縁として教えに学ぶ歩みが始まった。それが人として生きる一番大切なことであろう。

命の底に響いてくる「光の言葉、光の人、光の世界」に出会う時、私たちには生きる力が生まれ、人とのつながりが生まれてくる。そのことが、ある大学の授業用テキスト（藤井大地『学生のための仏教入門』）の結びに記されている。
「真実《まこと》に会えば、人は目覚める。人はやさしくなる。この道理を南無阿弥陀仏という」（平野修）。

みやもり　ただとし
1947年石川県生まれ。金沢大学卒業後、大谷専修学院卒業。北陸大谷高等学校（現・小松大谷高等学校）教諭（宗教科）、副校長を経て、小松大谷高等学校非常勤講師。真宗大谷派大聖寺教区専光寺衆徒。

法語

真実《まこと》に会えば、人は目覚める。
人はやさしくなる。
この道理を南無阿弥陀仏という

出典／『平野修選集』（第1巻「月報」、文栄堂書店）

23 「読書」がもたらすもの

言葉の響きに現れるものに出会う。

中山善雄（真宗大谷派教学研究所研究員）

読書の醍醐味

「読書」という言葉で、私の内に想い起される文があります。それは、ロシアの作家ゴーリキーがトルストイの死を悼み、その出会いを追想して記した一文です。

そのとき私が感じたことは、言葉では云《い》いあらわせない。心はよろこびに満ち、胸迫って苦しかった。が、やがて、何もかもが幸福な思考のなかに溶け合った。
「おれはこの地上にいて孤児《みなしご》ではない、この人間がいるかぎりは！」
（ゴーリキー『追憶』）

ゴーリキーは幼い頃に両親を亡くし、孤児として育ちました。「人間は尊敬すべきものである」（『どん底』）という有名な言葉を遺《のこ》し、ロシア革命にも寄与した社会派の作家の底にも、秘められた寂しさがあったのでしょう。トルストイの存在がゴーリキーの寂しさに溶け合い、感嘆をもたらしたのでした。これは読書というよりも、人間との出会いを記した文章です。しかし、私はこれを読んだとき、感動とともに、自分の中に押し隠された、帰る所を見失った「孤児」としての寂しさを思わされました。

私たちは世間を生きる中で、人目を意識して仮面を被《かぶ》らざるを得ません。はじめのうちは意識して仮面をつけているのですが、感情の抑圧が進むほどに、自分が何を感じ、何を欲しているのかわからなくなります。置き去りにされてしまった自分は微《かす》かに呻《うめ》き続けているのですが、もはや自分でその声を聞き取ることもできなくなるのです。

そのような、たとえ社会的境遇が改善されたとしても救われることのない、内奥の自己の寂しさや悲しみ。それを救い上げ、共に呻き、一つになってくれるのが文学であり、読書の醍醐味《だいごみ》はそこにあると私は思います。私自身にも、そのような書物との出会いがあります。そのたびに感じていたのは、正体がわからない身の苦しみに対して、自分に先立ってそれを正面から受け止め、語りかけてくれている作家たちの姿です。

三昧の喜び

古典と言われるような名著は往々にして難解です。けれども、生活の中で折々に読むことにより、自《おの》ずから著者の姿が浮かび上がってきます。近代批評の代表者であるサント・ブーヴも著書『我が毒』の中で、書物はゆっくりと繰り返し読み、著者が自身の言葉で、彼ら自身の姿をはっきりと描き出すまで待つしかないと述べています。

今日ではほとんど死語と化していますが、「読書三昧《ざんまい》」という言葉があります。読書に耽《ふけ》るというのが直接の意味ですが、その奥には、無心に読むことを通して物語の世界に入り、登場人物や著者と交わるということがあるのでしょう。

「三昧」は梵語《ぼんご》サマーディ（samādhi）の音写で、精神集中が深まった状態のことを表します。その三昧は、仏教経典においてはさまざまな形で展開していきました。

その一つに、浄土教においても大切にされている「般舟三昧《はんじゅざんまい》」があります。これは、「諸仏現前三昧《しょぶつげんぜん》」とも言われ、諸仏が目の前に現れるという三昧を表します。浄土教ではそのことが、「念仏三昧を修すれば、十方諸仏恒《つね》にこの人を見そなわすこと、現に前に在《まし》すがごとし」（『真宗聖典』２４６頁）、つまり念仏三昧において諸仏が姿を現すかのごとくであると言われてきました。その諸仏は、私たちに先立って、私たちを苦悩の衆生として念じ、衆生《しゅじょう》と共に苦悩する姿を取ります。阿弥陀仏のみ名を称《とな》えることも、聖教《しょうぎょう》を拝読することも、そのような仏の姿を感受する喜びを与えてくれます。

読書の喜びは、この三昧の静かな喜びにも通ずるところがあるのではないでしょうか。自分でも言葉にならない秘めやかな想い。それを作家の方から救い上げ、言葉にし、こちらに語りかけてくれているのです。

善導《ぜんどう》大師は「経教はこれを喩《たと》うるに鏡《かがみ》の如《ごと》し、しばしば読みしばしば尋ぬれば、智慧を開発す」と記しています。私たちが経典を読むことには、仏陀《ブッダ》の智慧が私たちの苦悩を照らし出す鏡（経典の言葉）となって現れ、私たちに呼びかけるという本質的意味があるのでしょう。経典以外の書物も同様です。私たちは書物を読むことをとおして、実は書物（著者）に自己の内奥を救い上げられ、語りかけられているのです。そしてその言葉の響きにおいて、私たちは「この地上にいて孤児ではない」ことを知るのです。

なかやま よしお

1976年埼玉県生まれ。早稲田大学卒業。民間企業勤務後、大谷専修学院卒業。同学院指導補を経て、真宗大谷派教学研究所研究員。真宗大谷派三条教区寶國寺衆徒。

法語

経教はこれを喩《たと》うるに鏡《かがみ》の如《ごと》し、
しばしば読みしばしば尋ぬれば、
智慧を開発す

出典／善導『観無量寿経疏（序分義）』

24

「音楽」に心ふるえて

浄土に奏でられる大悲の音声は、私たちを仏の願いへ導く声として響いてくる。

花山孝介（真宗大谷派僧侶）

音楽の世界として示される浄土

「音楽」と仏教がどのように関係してくるかを考えるにあたり、かつて浄土真宗の学僧である金子大榮《かねこだいえい》先生が、「仏教音楽について」（『聞思の人④——金子大榮集・下』東本願寺出版に所載）という講演録のなかで、「浄土を音楽の世界として考えてみたい」と述べられていたのを思い出します。その示唆をいただきながら、仏教と音楽との関係を考えてみたいと思います。

私たちにとって大事な経典である浄土三部経《さんぶきょう》には、数多くの音楽的表現が用いられていることに注意させられます。一例を挙げれば、『仏説無量寿経《ぶっせつむりょうじゅきょう》』（大経《だいきょう》）の中で、釈尊が弟子の阿難《あなん》に向けて極楽浄土のありさまを説かれている段において、

> 清揚哀亮《しょうようあいりょう》にして微妙和雅《みみょうわげ》なり。十方世界の音声《おんじょう》の中に最も第一とす。
>
> （『真宗聖典』36頁）

と、浄土の世界を音楽の世界として示されています。また、お盆のお勤めや、普段の法事などでよく勤められている『仏説阿弥陀経』（小経）においても、数々の音楽的表現をもって浄土の相《すがた》が示されています。

では、なぜこのように阿弥陀仏の浄土の世界が音楽的表現をもって説かれている

のでしょうか。経典は音楽的表現で浄土を説くことによって、何を私たちに教えようとしているのでしょうか。

経典の音楽的表現が意味すること

阿弥陀仏の浄土の世界が、音楽的な表現を用いて説かれている背景には、浄土の世界を単に言葉で説明するだけではなく、人間の心情に添いながら仏の世界に生きる者へ導こうという意図があるのではないかと思います。

先ほど引用した『大経』の一節に、「清揚哀亮（にして）微妙和雅（なり）」という言葉があります。これは浄土で奏でられる音色を8つの文字で示されているのですが、その中で少し注目してみたい言葉が2つあります。

ひとつは、「哀亮」という言葉です。「哀」は悲しいという意味でありますし、「亮」はほがらかという意味があります。この2つの言葉は、その意味合いにおいては矛盾した表現のように思われますが、今回のテーマでもある「音楽」ということから考えれば、そこに大事な意味があるように思われます。

人間は理性で生きると同時に、感情というものを持って生きています。人間が宗教に関わるきっかけはさまざまでしょうが、多くの人は人間の苦しみや悲しみを縁として教えに目を開かされるのではないでしょうか。〝人と生まれた悲しみを知らないものは人と生まれた喜びを知らない〟という先達の言葉もあるように、人間にとって根本的な感情といえるのは悲しみと喜びであり、そこに宗教的な感情の源泉があるのではないかと思います。しかしその悲しみには、ただ悲しむだけではなく、悲しみが縁となって真実の教えに出遇《であ》ってほしいという仏の願いもこめられているのではないでしょうか。そこにおいて私たちは、人間の悲しみを自らの悲しみとする阿弥陀仏の大悲《だいひ》の心を知るのでありましょう。

もうひとつは「微妙」という言葉です。この言葉は、私たち仏教徒が仏法僧の三《さん》宝《ぼう》に帰依《きえ》することを誓う「三帰依文《さんきえもん》」にも「無上甚深《じんじん》微妙の法は、百千万劫《ごう》にも遭《あい》遇《あ》うこと難《かた》し」というふうに使われています。この「微妙」について、金子大榮先生は、「微妙の二つは仏教の音楽の涅槃《ねはん》性、いいかえれば、仏教の音楽というものは、その音によって仏の慈悲を感ぜしめる。そして慈悲を感ずることによって、我々の乱れる心を涅槃に導くというような、そういうふうな性格のものでなくてはならない」(同前210頁)と教えてくださっています。浄土経典の中で、阿弥陀仏の浄土をさまざまな音楽的表現で説き示されていることの大事な意味を端的に教えてくださっている言葉であると思います。

「仏教と音楽」というテーマを考えてきましたが、仏教における音楽の持つ意味は、浄土の世界に示された音声を聞くことによって、私たちを涅槃に導くはたらきを示しているということでしょう。つまり、その音楽を聞くことによって心が静まり、和らげられ、心を大いなる安らぎへと導くはたらきをもつところに、仏教における音楽の大事な意味があると思います。

はなやま　こうすけ
1966年熊本県生まれ。大谷大学大学院博士課程（真宗学）修了。博士（文学）。真宗大谷派擬講。名古屋造形大学非常勤講師。三重教区遍崇寺住職。共著に、『別院探訪』（東本願寺出版）。主な論文に、「真宗願生論―親鸞における信の解明」、「願生の仏道」がある。

法語

宝《ほう》林《りん》宝《ほう》樹《じゅ》微《み》妙《みょう》音《おん》
自《じ》然《ねん》清《しょう》和《わ》の伎《ぎ》楽《がく》にて
哀《あい》婉《えん》雅《が》亮《りょう》すぐれたり
清浄《しょうじょう》楽《がく》を帰《き》命《みょう》せよ

出典／親鸞『浄土和讃』（『真宗聖典』482頁）

25

いのちが「響く」

響くことを拒んでいる自分に
響きあう世界をひらいてくれる教え。

訓覇 浩（真宗大谷派僧侶）

響きあうものを「いのち」と名づける

「響く」という言葉は、とりたてて仏教語というわけではありません。しかしお経などで仏さまの教えが私たち人間の上にはたらくときのすがたを表すとき、「響」の文字が多く使われているように思います。たとえば『仏説無量寿経《ぶっせつむりょうじゅきょう》』の中の「嘆仏偈《たんぶつげ》」には「正覚大音《しょうがくだいおん》　響流十方《こうるじっぽう》」（正覚の大音、響き十方に流る）という句がありますし、天親菩薩《てんじんぼさつ》がお作りになった「願生偈《がんしょうげ》」には「如来微妙声《にょらいみみょうしょう》　梵響聞十方《ぼんこうもんじっぽう》」（如来の微妙の声《みこえ》、梵の響《ひびき》十方に聞こゆ）とあります。これはどちらも、教えが人の上にはたらいているすがたを、「響」という言葉で表されたものでしょう。

私は、宗祖《しゅうそ》親鸞聖人七百五十回御遠忌《ごえんき》オープニングとして2011年3月12日に予定されていた[*1]「いのちとことばの響舞台《きょうぶたい》」という催しに、真宗大谷派解放運動推進本部委員として携わらせていただきました。残念ながら、前日に起きた東日本大震災により中止の止むなきに至りましたが、この催しの趣旨は、アイヌ民族や沖縄、在日コリアン、そして被差別部落と、差別や抑圧の長い歴史に苦しめられてきた現実から立ち上がり、人間解放の歩みをすすめてこられた方々を東本願寺にお迎えし、コンサートやシンポジウム等を開催しようというものでした。

この「いのちとことばの響舞台」というタイトルを決めたとき心の底にあったのは、御遠忌を迎える東本願寺で、人と人とが本当に響きあう世界、いのちが響きあう世界を、多くの人とともに感じあっていきたいという願いでした。

「響く」とはどういうことでしょうか。「響く」というのは、自分一人でできることではありません。何かのはたらきかけがあり、それに呼応《こおう》して響く自分があって、はじめて「響く」ということが起きる。共振する音叉《おんさ》のように、お互いがお互いを響かせあうというのが「響く」ことであって、自分だけでは響けないのです。

いのちは響きあって存在する。いや、むしろ、響きあうものが「いのち」なのでしょう。個々のいのちが先にあって、響くということが起きるのではない。響きあうという事実が先にあり、そこで響いているものを「いのち」と名づけたのではないか。

そんなことも漠然と考えていました。

いのちを奪い続ける私たち

そのとき念頭にあったのは、「響存《きょうぞん》」という言葉でした。「響存」とは、哲学者・

鈴木亨《とおる》が提唱した概念で、「人間を含めたすべてのものが響きあって存在している」という考え方です。

2011年12月に亡くなられた真宗大谷派僧侶の廣瀬杲《たかし》先生は、1980年に『響存するいのち』という本を出版されました。そのはしがきで、先生は親鸞聖人の「熊皮の御影《ごえい》」に向き合ったときの衝撃を書きつけておられます。熊皮の敷物の上に座られた聖人の絵姿は、すなわちこの時代、熊を獲り、毛皮を剥《は》ぐことを生業《なりわい》として、おそらくは差別を受けていた人々がおり、聖人がそうした人々とともにおられたことを示すものと考えられます。この本が出された1980年は、廣瀬先生が大谷大学学長の要職につかれ、同時に、部落解放運動に深く関わっていかれる時期にあたります。おそらくそうしたなかで、先生はこの絵に描かれた思いがけない宗祖のお姿に深くこころを動かされたのでしょう。はしがきに、この本の通底するテーマを「響存するいのちを生きたもう新しい親鸞聖人との邂逅《かいこう》である」と書き記しておられます。

かつて、ハンセン病患者として療養所に隔離され、本名を奪われて「藤井善《ぜん》」という〝園名〟を名のってこられた真宗大谷派僧侶の伊《い》奈《な》教勝《きょうしょう》さんは、「療養所は本音が響きあわない世界であった」という意味のことを述べておられました。

人は、響きあって存在している。響きあうものがいのちであるならば、その「響きあう」ことを奪う差別や隔離、同化といった現実は、まさに「いのちを奪う」ことそのものでありましょう。

私たち人間は、いつも他者とのちがいを認めず、ひとりよがりし、自分のまわりに差別や排除の壁を築かずにいられない無明の存在です。その意味では、私たちは常に「響きあう」ことを拒んで生きているのでしょう。そのことに気づかされるのが、お念仏に出会うときなのです。

かつて、真宗大谷派僧侶の安田理深《りじん》先生は、お念仏が私たちの上にはたらくすがたを、「打てば響く」という具体的な言葉で指摘してくださいました。

「南無阿弥陀仏《なむあみだぶつ》という言葉は、目覚ました言葉であると共に、目覚まされた言葉である。つまり目覚ましめたものに対する応えという意義があると思う。だからこれは独覚ではない。呼びかけに対して応答するというものであり、打てば響くというものである。我々を打つ言葉であると共に、我々に響いた言葉である。南無阿弥陀仏は根元の言葉であると共に、呼応の言葉である」（『安田理深選集』第11巻、文栄堂書店）。

響きあう世界を成り立たしめているのが念仏の教えであると気づくときに、響きあう世界は目の前に事実として開けている。その事実が見えない、あるいはその事実を破壊している自分であることに気づかされるとき、私たちは同時に教えに背いている自分であったことに気づかされるのです。（談）

＊1　いのちとことばの響舞台…宗祖親鸞聖人七百五十回御遠忌のオープニングイベント。2011年3月12日に開催予定だったが、東日本大震災の影響で中止。翌年、企画の願いを引き継ぐ形で、東日本大震災被災者支援のつどい「いのちの響舞台」が開催。

くるべ　こう

1962年三重県生まれ。大谷大学大学院修士課程修了。元真宗大谷派解放運動推進本部本部委員。真宗大谷派三重教区金藏寺住職。ハンセン病市民学会共同代表・事務局長。大谷大学・同朋大学非常勤講師。

法語

正覚《しょうがく》大音《だいおん》　響流《こうる》十方《じっぽう》

（正覚の大音、響き十方に流る）

出典／『仏説無量寿経』（『真宗聖典』11頁）

如来《にょらい》微妙声《みみょうしょう》　梵響《ぼんこう》聞《もん》十方《じっぽう》

（如来の微妙の声《みこえ》、梵の響《ひびき》十方に聞こゆ）

出典／天親『無量寿経優婆提舎願生偈』（『真宗聖典』137頁）

26

「旅」する理由

帰るべき場所を求めて、私たちは旅するのです。

大中臣冬樹（真宗大谷派僧侶）

私の預かっている寺は、富山県東部の港町にあり、海まで歩いて数分という場所に位置しています。寺の庭には、井戸水がちょろちょろと注ぐ小さな池がありますが、色鮮やかな錦鯉がいるわけではなく、悠々と泳ぐフナの影が、繁茂する水草やクレソンの隙間に垣間見える、野生環境に近い池です。

数年前のある夜、その池で魚以外の何かが動くのが目に留まりました。モクズガニと呼ばれる小さなカニです。おそらく、池の下流にある小さな川からいつのまにか遡上《そじょう》してきた個体だと思いますが、かれこれ数年に亘って、寺の池を自らの住処《すみか》としているようです。

　寺の近所を流れる用水も小川も、至るところで護岸整備が進められ、コンクリートできれいになった水辺は、小さな淡水生物にとって不都合な生存環境になってきているはずです。そのカニも、もはや小川ではろくに生きていけないと知ったか、あるいは上流から漂ってくる有機物の芳香に誘われたか、いずれにせよ、その小さな手足で歩いた長旅の末にたどり着いた場所が、その池だということなのでしょう。そして、この一匹のカニが生涯を賭した旅に思いを馳せると、私たち人間のそれと重なって見えてくることがあります。

不満からの逃避

私たちが「旅」や「旅行」と呼ぶ営みの形態は多岐に渡り、帰る家が担保された上での行楽《こうらく》から、従来の生活を捨てて新天地を求めるような命がけのものまで大きな幅があります。旅の覚悟という点では、両者には大きな開きがあるでしょうが、ここではその区別はともかく、まずは一般的な旅ということで申しあげてみたいと思います。

言うまでもなく、旅は今日ではごく身近なこととして私たちの生活に組み込まれています。人によっては、生活の一部というより、旅行のために生活するという場合もあるでしょう。私自身も、かつて学生時代は本末転倒の有様で、学業以上に長期休暇の旅行を優先し、一人で好き勝手に国内外を歩き回っていました。しかし、旅に胸を躍らせる一方、その心根に目を遣ると、自分でも気付かないような「不満」がその出発点にあったのではないかと、長い時間を経てようやく思い至ります。

冒頭に登場してもらった一匹のカニは、天敵から容易に身を隠すことができ、いつも餌が満足に与えられる寺の池を、その本能的嗅覚でもって見つけ出したのだろうと想像しますが、しかし同時に、元々住処としていた下流域のどこかは安息の地ではなかったということが、彼の旅の記憶にはあるはずです。

例外もありますが、一般的に私たちが旅に求める、喜び、愉しみ、解放感、あるいは非日常の刺激といった要求は、肯定されることとして受け取られ、またそうした要求を満たすことこそが旅の目的であり動機にもなってきます。ところが、その内実を少し覗《のぞ》いてみれば、日常における苦悩や閉塞感、そして凡庸《ぼんよう》なる生活から逃れたいということ、すなわち現実逃避ということが別の動機として見えてくるのではないでしょうか。

そのような「不満から満足を目指す」という方向性の持ち方は、旅に限らず、世間一般に共通する行動原理で、私たちはいつのまにかそれに支配されているといっても過言ではありません。例えば、趣味に興じることも、お酒に溺《おぼ》れてしまうことも、内容の違いはありますが、何かしらの「不満から」という点では質を同じくしているはずです。

現実に帰る旅

それに対して、特に念仏の仏教は、「満足から歩みがはじまる」という点が大きな特徴です。平易な言い方をすれば、いま、この場所が本当に自分の生きる場所になるとか、生きることがはじめて自分の仕事になる、という言い方になると思います。ただし、満足といっても終着点としてイメージされるような満足とは異なり、掛け替えのない一生涯を賜った事実の重さに、はじめて手が合わさり、頭が下がるというような、静かなる満足です。その満足を身に亨《う》け、教えを聞き続ける歩みも、ある種の旅であると言っても良いかもしれません。強調して言えば、精神の旅ということです。

有名な言葉ですが、『歎異抄』という書物には、「とても地獄は一定《いちじょう》すみかぞかし」という親鸞の言葉が伝えられています。地獄という言葉は、いわゆる死後の世界として受け取られがちですが、ここで言われる地獄とは、まぎれもなく脚下の生きる現実を指します。親鸞にとっては、この地獄なる現実こそが自身の生きる場所であり、また帰る場所でもあったという、非常に力強い自覚的表現として私は受け取っています。

詰まるところ、私たちの生涯とは、帰る場所を求める旅の物語なのでしょう。実は法事などで皆さんが耳にする「お経」も、そういう物語なのです。私たちは旅に出ると言いながら、実は帰る場所を求めているということです。そして、旅行に行こうと行くまいと、難儀な人生の只中に身を置きながら、私たちは物語の当事者としてこの一度きりの生を日々生きているのだと思います。

今日も、フナに与えたはずの餌をカニが両手でかき集めています。

おおなかとみ　ふゆき
1984年富山県生まれ。同志社大学文学部卒業後、重機メーカー勤務を経て、大谷専修学院、大谷大学大学院にて学ぶ。真宗大谷派富山教区勝福寺住職。小学生のときにテントと寝袋を自転車に積んで初めての一人旅を経験。大学時代は毎年インド、西欧、北アフリカ等を放浪。

法語

とても地獄は一定《いちじょう》すみかぞかし。

出典／『歎異抄』第2条（『真宗聖典』627頁）

27 「書く」ことのよろこび

教えや自らの考えを確かめ直し、後世の人に伝えていく大切な営み。

藤原正寿（大谷大学准教授）

「恩恕を蒙りて『選択』を書しき」

「書く」ということは、直接には仏教や真宗の教えと結びつきにくい印象があるかもしれません。しかし、「書く」ことは人間にとって大切な営みであるだけでなく、実は真宗にとっても非常に重要なキーワードなのです。

その根拠として、親鸞聖人が書かれた『教行信証《きょうぎょうしんしょう》』の巻末、いわゆる「後序《ごじょ》」

と呼ばれている文章を見てみましょう。そこには、聖人が法然上人と出会って、29歳の年に回心《えしん》（仏道に目覚めること）の体験をもったことを記した「しかるに愚《ぐ》禿釈《とくしゃく》の鸞《らん》、建仁辛《けんにんかのと》の酉《とり》の暦《れき》、雑行《ぞうぎょう》を棄《す》てて本願に帰す」という有名な一文があり、その後に「元久乙《げんきゅうきのと》の丑《うし》の歳《とし》、恩恕《おんじょ》を蒙《かぶ》りて『選択《せんじゃく》』を書《しょ》しき」と書かれています。つまり、回心の体験を獲た4年後に、法然上人の主著である『選択本願念仏集《せんじゃくほんがんねんぶつしゅう》』を書写することを許されたことを記しておられるのです。さらにその後にも、名《みょう》号《ごう》や真文《しんもん》、法名《ほうみょう》などを法然上人に書いていただいたことを、「～を書かしめたまう」という言葉を繰り返して、感動をもって記しておられます。つまり、法然上人と出《で》遇《あ》い、回心の体験をもったことを具体的に年号まで挙げて記しておられるところで、大切なキーワードとして「書く」ということが関わっています。このことは、親鸞聖人の思想の核心に「書く」ということがあったことを示しているのではないかと思うのです。

文章に向き合い、問い直される体験

そもそも、「書く」ということには大きく分けて二つの大事な意味があると思います。

第一の意味は、書くことによって自分自身の思いや考えを確かめ直し、整理するということです。

大学で、学生から「卒論でこういうことを書きたい」といった相談を受けると、必ず「頭で考えていることを、まず書きだしてみなさい」と指導しています。頭の中でぼんやり考えていることを書きだしてみれば、自分自身が書いたものに向き合うことができる。そうすると、書いた文章から「お前は何が書きたいのか」ということが問われてくるのです。それを通して、自分の考えがきちんと整理されていなかったことに気づかされるし、自分が思っていたことがこういうことだったのかと改めて知ることもできる。そのように、書くことによって、書いたものと向き合い、自分自身が問い直されていくということが、大切なこととしてあるように思います。さらに、そのことを通して、これから新たに自分が考えていくべき方向性が見えてくるということもあると思います。

仏教で経典が編纂されていくときにも、同じことが起きたのでしょう。釈尊が生きているあいだ、弟子たちはいつでも疑問に思ったことを聞くことができた。しかし、釈尊が亡くなった後、仏弟子たちのあいだで、自分たちが聞いた教えを整理する必要ができてきたのです。そこで、弟子たちが集まって、互いに自分が聞いたことを話し合って整理していく中から、経典が書かれていった。「仏典結集《ぶってんけつじゅう》」と呼ばれるその出来事の中にも、書くことによって改めて自分自身が聞いた教えが問い直されるという意味があったと思われます。

鎌倉時代、親鸞聖人が関東から京都へ帰られたあと、関東に残された門弟たちにも問題が起きてきました。門弟たちが教えをそれぞれ自己流に解釈していく中で、大切な聖人の言葉が見失われていくことが起きてきたのです。そうした中で、もういちど聖人が語られたことを思い出してほしいという悲歎《ひたん》をこめて唯円《ゆいえん》が書いたのが『歎異抄《たんにしょう》』でした。『歎異抄』を書くことで、改めて自分たちが歩んできた方向性を確かめたいというのが唯円の願いだったのです。

自分だけが救われるのではなく

「書く」ことの二番目の大切な意味は、大切なことを自分以外の人や後世の人にきちんと伝えていく、ということです。

私たちのもとに『浄土三部経《さんぶきょう》』のような重要な経典が伝わっているのも、釈尊の教えを間違いなく後世に伝えるという課題を担った人たちによって経典が翻訳され、それが中国、朝鮮半島を経て日本まで伝えられてきた、その長い営みの結果でしょう。そして、親鸞聖人が自分まで届いた本願念仏の教えを『教行信証』という書物にまとめて残してくださった。この作業もまた、同じ意味があります。『教行信証』の最後には、道綽《どうしゃく》禅師が書かれた『安楽集』の文が引かれ、「真言《しんごん》を採《と》り集めて、往益《おうやく》を助修《じょしゅう》せしむ。何となれば、前《さき》に生まれん者は後《のち》を導き、後《のち》に生まれん者《ひと》は前《さき》を訪《とぶら》え、連続無窮《れんぞくむぐう》にして、願わくは休止《くし》せざらしめんと欲《ほっ》す。無辺の生《しょう》死海《じかい》を尽《つ》くさんがためのゆえなり」と、この書物を作成した願いが書かれています。つまり、親鸞聖人が出遇った本願念仏の教えとは、自分ひとりが救われればいいというのではなく、「無辺の生死海を尽くさんがためのゆえなり」、つまり生死の世界をさ迷っている全ての衆生《しゅじょう》が、この教えにふれて救われてほしいという意欲によって展開し、相続されていくものだということなのです。

このように考えていくと、「書く」ということは、仏教の歴史全体を貫く非常に重要な営みと言えるのではないでしょうか。（談）

ふじはら　まさとし
1963年石川県生まれ。大谷大学大学院文学研究科博士後期課程満期退学。真宗大谷派親鸞仏教センター研究員、真宗大谷派教学研究所所員を経て、2012年より大谷大学准教授。専攻は真宗学。共著に『キリシタンが見た真宗』『書いて学ぶ　親鸞のことば―和讃』（共に東本願寺出版）がある。

法語

前《さき》に生まれん者は後《のち》を導き、
後《のち》に生まれん者は前《さき》を訪《とぶら》え、
連続無窮《れんぞくむぐう》にして、
願わくは休止《くし》せざらしめんと欲《ほっ》す。
無辺の生死海《しょうじかい》を
尽《つ》くさんがためのゆえなり

出典／『教行信証』化身土末巻（『真宗聖典』401頁）

28

この思いを「伝える」ために

仏教が伝えてきたことは、どのような人も受け止められているということ。

中川皓三郎（元帯広大谷短期大学長）

「伝える」ことの大切さ

「伝える」ということについて思い出されるのは、「伝えなければ伝わらない」ということです。何年も前、人づてに聞いた平野修先生の言葉ですが、今も耳にとどまっています。「伝える」ということがなければ、仏教の教えにもなかなか出遇《であ》えません。だから、さまざまな場面で自分の学んできたことを具体的に表現して、「伝える」ことがとても大切です。

そもそも仏教は、お釈迦さまの覚《さと》りに始まりますが、その目覚められた真理は「縁起《えんぎ》の法」という言葉で伝えられています。そのことを『阿含経』(縁起法経)では「彼《かの》如来出世するも及び未だ出世せざるも、法界に常住せり」と語られています。つまり、真理は、お釈迦さまがこの世に生まれようと生まれまいと、もともとはじめから存在しているということです。だから、法(真理)というものは、「いつでも、どこでも、誰にでも」というのが基本です。そのことから言えば、私たちの誰もが、気づく気づかないにかかわらず、もともとはじめから、共にたすけあって生きたいという欲求をもって生きているのです。そのことが「縁起」という言葉で教えられています。そして、そのことを現代に生きる人たちに伝えなければならないと思っています。

以前、北海道の帯広大谷短期大学で「人間学」という、お釈迦さまと親鸞聖人についての授業をしていました。しかし、本学の学生のほとんどは、お寺に縁のない方なので、仏教用語で伝えようとしても、なかなか伝わりません。だから、できるだけ現代の人たちの文章を紹介し、その言葉を手がかりにして伝えようとしていました。

ある時、真宗大谷派関係学校の大学の学長が「私たちの学校で毎週毎週、授業で仏教や親鸞聖人の教えを伝えようとしていることは、お寺で法座を開くのと同じではないか」と言っておられました。本当にその通りだと思います。本学の学生の多くは、栄養士や介護福祉士などの資格を取って、社会の現場に出て行きます。当然、これから人との関わりの中で、いろいろな問題にぶつかり、人生に行き詰まることもあるでしょう。その時に、よりどころとなるようなものを、授業を通して伝えることができればと思って、何とか若い人たちに、仏教や、建学の精神である浄土真宗の教えを伝えたい。そして、そのことをベースにして、人間の関係を大切にしてほしいと願っていました。

受け止められるということ

人間は自己中心的な存在です。そして同時に、この世に生まれ、生きているかぎり、誰もが「受け止められたい」という欲求をもっています。そのことについて、評論家の芹沢俊介《せりざわしゅんすけ》さんが次のようなことを語っておられます。

あるお母さんが、十四歳の息子さんから「お前を殺したい」と包丁を突きつけられたというのです。その時、お母さんは「いいよ」と言ってそのまま受け止めたのです。すると、息子さんの全身にあった怒りの心や殺気のようなものが引いていったそうです。つまり、人から受け止められることによって、自分の思い通りにしたいという思いはなくなり、初めて自分自身を受け止めて生きることが始まるのです。

ドイツの児童文学作家、ミヒャエル・エンデに『はてしない物語』という童話があります。この物語のテーマは「汝の欲することをなせ」です。主人公の少年がおとぎの国に入り込んで、いろいろな出来事に出遇いながら、自分の真に欲すること、本当にしたいことを見つけていく物語です。そして最後に、自分が本当にしたいことは、「愛する」ことだと気づくのです。人間のもっている根本的な欲求は、「受け止めてほしい」というのと同時に、自分もまた「受け止めたい」ということなのです。

この受け止められるということが、『歎異抄《たんにしょう》』第二条では「親鸞におきては、ただ念仏して、弥陀《みだ》にたすけられまいらすべしと、よきひとのおおせをかぶりて、信ずるほかに別の子細《しさい》なきなり」と教えられています。「ただ念仏しなさい」という言葉は、和讃に「十方微塵《じっぽうみじん》世界の　念仏の衆生《しゅじょう》をみそなわし　摂取《せっしゅ》してすてざれば阿弥陀《あみだ》となづけたてまつる」と詠《うた》われるように、阿弥陀如来の「あなたがどのようなあなたであっても、私はあなたを見捨てない」という大悲に目覚めなさいということを、私たちに伝える言葉なのです。念仏とは「南無阿弥陀仏《なむあみだぶつ》」と口に称《とな》えることですが、この言葉は、頭に「南無」があることがとても大切です。「南無」とは、自分がどれほど他人を傷つけ、自分を傷つけて生きているかに気づきなさい。そして、その事実に頭が下がるということです。頭が下がらなければ、聞こえてこないのです。しかし、そのことが、私たちにとって一番難しいのです。

私自身は、人生に行き詰まった時、ある先生から「悩むということはいいことだ」と教えられ、仏教の学びが始まりました。自己中心的な生き方は、必ず行き詰まります。しかし実は、行き詰まるということを通して、初めて自分が受け止められていることに気づかされるのです。そのことを、これからも伝えていきたいと思っています。（談）

なかがわ　こうざぶろう

1943年大阪府生まれ。大谷専修学院卒業。大谷大学大学院文学研究科博士課程満期退学。大谷専修学院指導主事、大谷大学短期大学部教授、帯広大谷短期大学長などを歴任。2020年10月20日逝去。真宗大谷派九州教区林松寺衆徒。著書に『真宗教育シリーズ2　ほんとうに生きるということ』『いのちみな生きらるべし』、共著に『ブッダと親鸞　教えに生きる』、監修に『親鸞　生涯と教え』（以上、東本願寺出版）などがある。

法語

親鸞《しんらん》におきては、ただ念仏して、
弥陀《みだ》にたすけられまいらすべしと、
よきひとのおおせをかぶりて、
信ずるほかに別の子細《しさい》なきなり。

出典／『歎異抄』第2条（『真宗聖典』627頁）

29

「記憶」しつづける

個人的な記憶を超えて
いのちの厳粛さに
呼び覚まされるとき。

佐野明弘（真宗大谷派僧侶）

なぜ悲しみを悲しみきれないのか

鴨長明《かものちょうめい》の『方丈記《ほうじょうき》』には、1185（元暦2）年に起きた元暦の震災のありさまが生々しく綴られています。そして、その後に長明はこう記しています。「すなわちは、人みなあぢきなき事を述べて、いさゝか心の濁りもうすらぐと見えしかど、月日重なり、年経にし後は、ことばにかけて言ひ出づる人だになし」。つまり、〝震災が起きた当初、人はみな世のはかなさを口にして、ふだんの欲望や煩悩《ぼんのう》が少し薄らいだように見えたけれども、何年かすると誰もそんなことを言わなくなった〟と。

これはまさしく、東日本大震災から時を経た私たちの姿そのものではないでしょうか。

あの日、津波で家や町が流される映像をテレビで見た私たちは、息を飲んで言葉を失いました。サンスクリットで「悲」を表すカルナー（kāruṇā）という語は、もともと「うめき」という意味だそうです。私たちはあまりの悲しみに言葉を失い、そのときだけは個人的な欲を忘れて、損得を顧《かえり》みず人を助けたいという思いにかられました。ところが、数年たったら、みな元通りです。私が住む寺の近所におられる年配の女性がこう嘆いておられました。「悲しみがあるときには、温かく優しい気持ちになることができたのに、数年たったら薄れてしまった。なぜでしょう？」と。

仏教で、「悲」は「大悲《だいひ》」「中悲《ちゅうひ》」「小悲《しょうひ》」の三つに分けられます。そのうち「小悲」とは私たち人間の悲しみです。それはいかに激しくとも、自分と関係の近い人のことしか悲しめない、そして時間がたつと忘れてしまうような個人的・限定的な「悲」です。それに対して仏さまの「大悲」は、「無縁の慈悲」と言われるように、全てのいのちを悲しみ、救いの手を差し伸べる。有限な私たちには及びもつかない無限の「悲」です。

しかし、悲しむべきことを悲しみきることができない自分の姿を、仏さまの大悲によって照らされたとき、逆にそのことが悲しみとなる。そのときに、ある「転換」が起きるのです。そう思うと、「大悲」とは決して小悲と別のところにあるのではなく、小悲を包み込むようにしてあるのではないか、ということが見えてきます。

「無始已来」の記憶が呼び覚まされる

記憶というと、私たちには個人的な記憶しか思い浮かびません。しかし、親鸞聖人は、「無始已来《むしいらい》（無始よりこのかた）」という言葉をよく使われ、〝私たち衆生《しゅじょう》

は、世界の始まりからずっと罪を犯してきた〟といったことを何度も書かれていま
す。「無始已来」。さて、そのことに気づくには、自分が生まれる前からの記憶をもっ
ていなければならないことになりますね。
保険金殺人で弟の命を奪われながら、加害者の死刑を執行しないよう嘆願《たんがん》し、現
在も死刑廃止を訴えておられる原田正治《まさはる》さんは、加害者本人が心から謝罪する姿を
目の当たりにして大きく心を揺り動かされたそうです。なぜか。それはやはり、原
田さんの中に、自分自身は罪を犯していなくても、はるか無始已来の「罪の悲しみ
の記憶」があるからではないか。それが、深い懺悔《さんげ》の姿にふれて呼び覚まされたの
ではないかと思うのです。
また、元アメリカ海兵隊員の故アレン・ネルソンさんは、ベトナム戦争で子ども
を含む多くの人を殺してしまったことで心に深い傷を負った苦しい状態が続きまし
た。あるとき、小学生の女の子に「人を殺したの?」と問われ、「はい」と答えた

ままうなだれて身動きできなかった彼。その彼を少女は泣いて抱きしめたそうです。以後、ネルソンさんは自分の涙と悲しみを取り戻し、子どもたちに戦争の悲惨な現実を伝える道を歩み始めます。

罪にうなだれる人の姿とそれに涙する少女。そこにあるのは、犯す犯さないということを超えて人を貫く罪の悲しみの記憶なのでしょう。私たちが涙とともに呼び覚まされるのは、忘れていたことへの慚愧《ざんき》なのかもしれません。

親鸞聖人は、著作の中で「海」という比喩《ひゆ》をよく使われますが、そこには2種類の「海」があります。ひとつは「生死《しょうじ》の苦海《くかい》ほとりなし」などといわれるような凡夫《ぼんぶ》の「迷いの海」、もうひとつは「光明《こうみょう》の広海《こうかい》」などといわれる仏さまの「本願《ほんがん》の海」です。しかし、この2つの海は決して別ものではなく、氷が水に転ずるように、迷いの海が本願の海へと転ぜられることがあるのです。最後に法語としてあげているご和讃《わさん》にも、その転換が詠《うた》われています。

私たちの記憶は、すぐに失われる個人的な記憶です。しかし、仏さまの大悲によって自分の悲しみを受け止められたとき、個人的な記憶を超えて、無始已来のいのちの厳粛《げんしゅく》さに呼び覚まされることがある…。記憶に関する英単語には、mem-（思い出す）という語根をもったmemory《メモリー》（覚える）やremember《リメンバー》（覚えている）のほかに、mon-（思い出させる）プラスment（手段）というmonument（モニュメント）がありります。人は遺《のこ》された言葉や建物に出遇《であ》い、それが遺された物語やいわれを通して大切なことを思い、知らなかったこと、忘れていたことへの慚愧の念をおこしたりします。そうしてみると、「南無阿弥陀仏」というお名号《みょうごう》は、見失っていた大切な無始已来の記憶を私たちに呼び覚ます、仏さまの選び建てられた大いなるモニュメントであると言えましょう。（談）

さの　あきひろ
1958年静岡県生まれ。真宗大谷派僧侶。禅宗で修行するが、大きな縁により真宗に転ずる。35歳で得度。石川県加賀市の蓮如上人御旧跡である光闡坊住持。

法語

弥陀《みだ》智願《ちがん》の広海に
凡夫《ぼんぶ》善悪《ぜんまく》の心水《しんしい》も
帰入《きにゅう》しぬればすなわちに
大悲心とぞ転ずなる

出典／親鸞『正像末和讃』（『真宗聖典』503～504頁）

30

声を「聞く」

「声を聞く」ことから、
自分の生き方と
国のあり方が問われる。

二階堂行壽（真宗大谷派僧侶）

「聞く」とは真の教えとの出遇い

「きく」に当てる漢字は、一般的には「聞」の字がよく使われますが、「聴」の字も用いられます。「聴」の字は、「私にきく意思があってじっときく」の意味があり、それに対して「聞」の字には、「耳に入ってくる、きこえてくる」の意味があると言います。別の表現をとれば「出遇《であ》う」ということ、それを「聞く」と言っていいでしょう。

お経は「如是我聞《にょぜがもん》（かくのごとき、我聞きたまえき）」から始まります。「このように私はお釈迦さまの教えにうなずきました」という、教えとの出遇いの表明から始まり、そして最後はその教えに出遇った「歓喜《かんぎ》」で終わるのです。このようにして、お釈迦さまの教えのまこと（真）に出遇った感動が、お経として伝えられてきました。ですからお経は、説かれたお釈迦さまの側にあるというよりも、その教えを聞いて、「あっ！なるほど」と驚き、頷いた弟子の側に成り立ち、伝えられてきたのです。その出遇いの歴史が、仏教です。

親鸞聖人は、真実の教え（『仏説無量寿経《ぶっせつむりょうじゅきょう》』）の根拠を、お釈迦さまと弟子・阿《あ》難《なん》の出遇いに見ました。そして、親鸞聖人自身も師・法然上人《ほうねんしょうにん》との出遇いによって念仏のまことに出遇い、念仏者として一生歩まれます。そのまこと（真）とは、決して自己の外なる教理としてのまことではなく、常に私の姿・あり方を照らし出す、声となったまこと・南無阿弥陀仏《なむあみだぶつ》との出遇いでした。

「信」とは生き方の方向が変わること

震災から2年後の２０１３年に仙台で行われた「3・11東日本大震災　心に刻む集い」の法要で、表白《ひょうびゃく》（法要の意味を確かめ誓うことば）が拝読されました。そこには、繰り返し繰り返し、「私は、きく」という表現がなされていました。

私は、きく。あなたの悲しみが分からないから
私は、きく。お前には分からないという慟哭《どうこく》を
私は、きく。忘れたいというささやきを
私は、きく。あの人の嗚咽《おえつ》を
私は、きく。泣けないと絞り出すちいさな声を

被災された方、そして寄り添った人たちの声、それは〝慟哭〟であり、〝ささやき〟であり、〝嗚咽〟であり、〝怒り〟であり、〝嘆《なげ》き〟であり、〝悲しみ〟であり、〝呻《うめ》き〟であり、…。

ここにあるのは、人の奥底の悲しみ。自分の考えや自分の力ではどうすることもできない事柄に向き合っている私の「いのちの叫び」です。一人の方から発せられた声ですが、その声は一個人を超えて人間存在の奥底からの叫びとして響いてくるものがあります。

仏の願いを大悲《だいひ》の願《がん》とも言いますが、悲は「苦しみを除いてあげたい」という心です。私たち人間にも悲しむ心はあります。しかし、私たち人間の抱く悲しみは、個人的なことであり限定的なことを超えることはできません。その私たちの悲しみ（小悲《しょうひ》）と分けて、仏の悲しみを大悲と表します。サンスクリット語での悲はカルナー（karuṇā）と言い、原意は「歎《なげ》き」だと言われます。そのいのちの叫び・歎きに向き合う仏の心が大悲として表れてくださっているのです。

親鸞聖人は「聞」ということについて、「「聞《もん》」と言うは、衆生《しゅじょう》、仏願《ぶつがん》の生起《しょうき》・本末《ほんまつ》を聞きて疑心《ぎしん》あることなし。これを「聞」と曰《い》うなり」（『真宗聖典』240頁）と受け取られました。仏願（大悲の願）は、苦悩の中にある私のために、どのような心として起こされ、どのように用《はたら》きかけてくださっているのかを受け止めて、そのことに確かに頷けたこと、それを「聞」というのだと。

そしてまた、「「聞」は、きくという。信心をあらわす御《み》のりなり」（『真宗聖典』551頁）と、「聞」とは「信」をあらわす、とも教えられます。

私たちは、日々の目先のことに追われ、本当の意味での喜びや悲しみ、本当の声に耳を傾けることなく、目を伏せ、耳を閉ざして生きています。いや、そう生きていかざるを得ないと自分に言いきかせ、自分の思いの中に自分を閉ざして生きているのでしょう。慈悲《じひ》の慈は、サンスクリット語でマイトリー（maitrī）と言い、ミトラ（mitra）＝友という言葉からできた最高の友情、という意味だそうです。仏はその心をもって、思いに沈む私に大悲の願として呼びかけます。その呼びかけの声を聞き、その呼びかけの声に出遇って、私の生き方の方向が変わるということ、それを「信」と言ったのです。

この震災をとおして、何がどう変わったのだろうか？　それがないなら「声を聞いた」ということがなかったということになります。

「声を聞く」ということから、この私の生き方、この国のあり方が問われ続けているのでしょう。

にかいどう　ゆきとし
1958年東京都生まれ。大谷大学卒業。真宗大谷派首都圏教化推進本部・本部員として、親鸞聖人の教えを基にした首都圏での教化に取り組む。真宗大谷派東京教区専福寺住職。著書に、『亡き方からのメッセージ—浄土真宗の葬儀—』（東本願寺出版）などがある。

法語

「聞《もん》」と言うは、
衆生《しゅじょう》、仏願《ぶつがん》の生起《しょうき》・本末《ほんまつ》を聞きて
疑心《ぎしん》あることなし。
これを「聞」と曰《い》うなり。

出典／『教行信証』信巻（『真宗聖典』240頁）

31

人と人の「壁」

我も人である。彼も人である。
我執を離れて共に生きよう。

木村宣彰（大谷大学名誉教授）

我執を離れられない人間の壁

人びとが生活を営むところ、どこにも壁は存在する。自分と他者とのあいだに利害や意見の対立が生じると壁ができる。分断や対立の象徴が壁である。富裕層とそうではない人々との間には心理的な壁が存在する。仏陀《ブッダ》は「おびただしい富があり、黄金があり、食物ある人が、ただひとり美味を食するならば、これは破滅の門である」

（『スッタニパータ』）と説き、貧富の壁を超えるよう教えられた。持てる者ほど他者に分け与えることができず、持ち物が少ない者は却《かえ》って分かち合うようだ。仏教は無我を説くが、人間は我執を離れることが容易ではない。今や壁は無くなるどころか益々高くなっている。

自他不二を体得する

仏教の根本思想は縁起である。縁起は「此《こ》れあれば、彼あり」と表現されるように、この世に存在するものは因と縁との条件に縁って生起《しょうき》する。自分があれば他人があり、自分も他人も単独では存在できず、相互に依存している。このように単独では存在しないことを、仏教は無我《むが》・空《くう》と説く。無我や空の教えは、観念的な理解に留まることなく、己れを空しくし、自己中心の我執を離れるよう勧める。つまり、無我・空の実践は、自己と他者の関わりを「自他不二《じたふに》」として体得することである。

ところが、私たちは自分と他人とを分断して対立の壁を作る。その壁を超えるには、先ず立ち止まって、自分自身を見定めなくてはならない。自分の存在の本源を見極め、自他不二に目覚めることが何よりも大事である。私たちの日々の生活は常に分《ふん》別《べつ》や計《はか》らいによって営まれる。自他・大小などの相対立する二つの枠組みに分別し、そして損得や苦楽を計らう。このように分別や計らいによって二分して考えるため、二つの対立の本源が不二であることを忘れるのである。

大乗経典《だいじょうきょうてん》の『維摩経《ゆいまきょう》』においては、生と滅、善と悪などの「二」は、それぞれが独立自存ではなく、実は「不二」であると説示する。その「不二」を自分と他人の上で考えると自他不二となる。しかし人間の我執はそのことを認めず、自己の絶対性を主張する。誰かが自分「ファースト」を主張すれば、必ず他者との間に壁が生じる。

日本でも世界でも、政治、経済、産業、情報など、あらゆる事象で壁が存在するが、仏教は自他不二の視点に立って壁を超えるよう教えている。例えば、対人関係について四摂事《ししょうじ》（布施《ふせ》、愛語《あいご》、利行《りぎょう》、同事《どうじ》）を説く。まず、「布施」は他人に対して財や法を施与する行為である。次の「愛語」は他者に対して親しみのこもった思いやりある言葉でもって語りかけることである。壁の内側の仲間とだけではなく、壁の外の人とも親密に対話する。さらに「利行」は他者に利益を与える行為である。最後の「同事」は、単に同じことを行うというのではなく、自分の行う事が相手の行う事と根本的に同一であるという事である。「われ」の行う事が、そのまま「われら」の事と同一化する。この同事は仏教の自他不二を最も端的に示している。

「われ」と「われら」

親鸞聖人は「弥陀《みだ》の五劫思惟《ごこうしゆい》の願《がん》をよくよく案ずれば、ひとえに親鸞一人《いちにん》がためなりけり」と仰せられた。弥陀の本願《ほんがん》を自分一人のためと言えば、他人との間に壁を作る要因になりかねない。しかも弥陀の本願は「老少善悪をえらばれず」と言われるように自他の分け隔てがない。それにも関わらず「親鸞一人がため」と言えるのは、弥陀の本願は自分一人がためであることと寸分たがわず、他の全ての人々のためであると確信するからである。弥陀の本願の前には自と他とが不二であると信知する。我執を離れて「われ」が「われら」と同事になる。親鸞の自己と他のすべての衆生《しゅじょう》の自己とが不二となり、自然に自他の壁を超えることになる。そこには、自他の対立に先立って弥陀の本願があるからである。

親鸞聖人は「弥陀の本願はひとえに親鸞一人がため」と言い切られたが、それと同時に「一切《いっさい》の有情《うじょう》は、みなもって世々《せせ》生々《しょうじょう》の父母《ぶも》兄弟なり」と断言されている。現代に生きる我々にはこのような仏教が説く自他不二の視点が決定的に欠けているようだ。

この世は壁のある世界である。自と他との壁を超えた世界は浄土の外にはない。

自分自身では気付いていないが、壁を歎き、壁を超えようとするのは、そこに本願がはたらき浄土を求める心が生じるからである。自と他に二分する以前に、我執を離れて自他不二に気付けば、私たちは初めて壁を超えることができるであろう。

きむら　せんしょう

1943年富山県生まれ。大谷大学大学院博士後期課程満期退学。大谷大学教授、同大学図書館長、同大学文学部長、同大学長を歴任。大谷大学名誉教授。専門は仏教学。真宗大谷派高岡教区報土寺住職。鈴木大拙館館長。真宗大谷派嗣講。

法語

同一に念仏して別の道なきがゆえに。
遠く通ずるに、
それ四海の内みな兄弟とするなり。

出典／『教行信証』証巻（『真宗聖典』282頁）

仏教《ぶっきょう》のミカタ2
―仏教《ぶっきょう》から現代《げんだい》を考《かんが》える31のテーマ

2023（令和5）年4月28日　第1刷発行

発行者　木越　渉
発行所　東本願寺出版（真宗大谷派宗務所出版部）
〒600-8505　京都市下京区烏丸通七条上る
TEL　075-371-9189（販売）
075-371-5099（編集）
FAX　075-371-9211

デザイン　藤本孝明＋藤本有香＋如月舎
印刷・製本　シナノ書籍印刷株式会社

ISBN978-4-8341-0672-5 C0215